Marlene Bleicher

Hazard-Raten-Modelle und ihr Anwendungspotenzial bei der Berechnung des Customer Lifetime Value

Bleicher, Marlene: Hazard-Raten-Modelle und ihr Anwendungspotenzial bei der Berechnung des Customer Lifetime Value. Hamburg, Bachelor + Master Publishing 2014

Originaltitel der Abschlussarbeit: Hazard-Raten-Modelle und ihr Anwendungspotenzial bei der Berechnung des Customer Lifetime Value

Buch-ISBN: 978-3-95684-397-6
PDF-eBook-ISBN: 978-3-95684-897-1
Druck/Herstellung: Bachelor + Master Publishing, Hamburg, 2014
Covermotiv: © Kobes · Fotolia.com
Zugl. Katholische Universität Eichstätt-Ingolstadt, Eichstätt, Deutschland, Bachelorarbeit, 2010

Bibliografische Information der Deutschen Nationalbibliothek:
Die Deutsche Nationalbibliothek verzeichnet diese Publikation in der Deutschen Nationalbibliografie; detaillierte bibliografische Daten sind im Internet über http://dnb.d-nb.de abrufbar.

© Bachelor + Master Publishing, Imprint der Diplomica Verlag GmbH
Hermannstal 119k, 22119 Hamburg
http://www.diplomica-verlag.de, Hamburg 2014
Printed in Germany

Inhaltsverzeichnis

Abbildungsverzeichnis

Abkürzungsverzeichnis

bspw.	beispielsweise
bzw.	beziehungsweise
CF	Cash-Flow
CLV	Customer Lifetime Value
CRM	Customer Relationship Management
d.h.	das heißt
et al.	Et alii (Latein) = und andere
etc.	et cetera (Latein) = und so weiter
f.	folgende
ff.	fortfolgende
Hrsg.	Herausgeber
NBD	Negative Binomial Distribution
NCF	Netto-Cash-Flow
S.	Seite
u.a.	und anderem
usw.	und so weiter
z.B.	zum Beispiel

Formelverzeichnis

1 Einleitung und Aufbau der Arbeit

Während früher die Ausgestaltung einzelner Transaktionen und die Gewinnung neuer Kunden im Vordergrund von Marketingkonzeptionen standen, wurde die Relevanz des Ausbaus und der Pflege von langfristigen Kundenbeziehungen für den Unternehmenserfolg in den letzten Jahren verstärkt anerkannt (Dwyer et al. 1987, S. 12; Berger/Nasr 1998, S. 18).

Im klassischen Marketing galt es lange Zeit als erstrebenswert, über die Gewinnung möglichst vieler Transaktionspartner, das Absatzvolumen zu steigern. Die einzelnen Transaktionen wurden so gestaltet, dass der Nutzen des Leistungsaustauschs für das Unternehmen kurzfristig maximiert wurde (Lovric/Schaller 2003, S. 8).

Jedoch reicht es aufgrund von Veränderungen im ökonomischen, technologischen und gesell-schaftspolitisch-sozialen Umfeld mittlerweile nicht mehr aus, sich auf die Gewinnung neuer Kunden und die Abwicklung diskreter Transaktionen zu konzentrieren (Krafft 2007, S. 1f.). Bedingt durch gesättigte Märkte und hohe Wettbewerbsintensität übersteigen bspw. die Kos-ten zur Gewinnung neuer Kunden die Kosten zur Bindung oft um ein Vielfaches (Jackson 1985, S. 95 ff.; Diller 1996, S. 82).

Traditionelle Wettbewerbsstrategien wie Kosten- oder Qualitätsführerschaft erweisen sich zu-nehmend als obsolet (Krafft 2007, S. 1). Stattdessen werden Qualität und Individualisierung der Kundenbearbeitung immer mehr zu einer Schlüsselkompetenz (Hippner/Wilde 2003, S. 453). Unternehmen beabsichtigen daher, die gewonnenen Kunden an das Unternehmen zu binden und Abwanderung zu anderen Wettbewerbern zu verhindern (Grönroos 1990, S. 144; Cornelsen 2000, S. 14f.).

Gerade vor dem Hintergrund begrenzter Marketingbudgets darf der Einsatz der Marketing- und Vertriebsinstrumente deshalb nicht einseitig auf kurzfristige Effektivitätsgewinne kon-zentriert werden, sondern muss seinen Fokus viel stärker als bisher auf die effiziente Gestal-tung von Kundenbeziehungen richten. Demzufolge wären in erster Linie die „wertvollen Kunden" zufrieden zu stellen und entsprechend an das Unternehmen zu binden. Denn aus Anbieterperspektive sind Investitionen in die Zufriedenstellung und Bindung von Kunden nur dann lohnenswert, wenn dadurch längerfristig profitable Kundenbeziehungen entstehen (Gru-nert 2007, S. 7). Systematische Analysen der Kundenprofitabilität bzw. Kundenwerte sind deshalb vor diesem Hintergrund unerlässlich. Dies kann in letzter Konsequenz sogar zur Eli-mination von Kunden mit negativem Kundenwert führen (Blattberg/Deighton 1997, S. 29; Cornelsen 2000, S. 2f.).

Mit diesem komplexen Themengebiet beschäftigt sich das Customer Relationship Manage-ment (CRM), in dessen Rahmen Kundenwertanalysen in den letzten Jahren an Bedeutung gewannen.

Lange Zeit beschränkten sich die eingesetzten Verfahren zur Kundenwertanalyse auf statische und häufig ausschließlich monetäre Kennziffern. Im Zuge der wachsenden Beziehungsorientierung hat die Kundenwertbetrachtung allerdings eine Dynamisierung erfahren. Zunehmend werden auch nicht-monetäre Größen wie Kundenzufriedenzeit und Kundenbindung einbezogen. Sowohl die geforderte Dynamisierung, als auch eine Integration nicht-monetärer Größen in die Kundenwertberechnung, wurde durch den Einsatz des Customer Lifetime Value (CLV) geschaffen (Bruhn et al. 2000, S. 167).

1.1 Kundenwert als zentrale Steuerungsgröße im CRM

Der Begriff Kundenwert (oder „Customer Value") wird in der Fachliteratur im Wesentlichen für zwei Perspektiven gebraucht. Einerseits wird aus Kundensicht der Kundenwert als Wertschätzung oder Präferenz aufgefasst (Krafft 2007, S. 44). Bei seiner Entscheidung eine Geschäftsbeziehung aufrecht zu erhalten oder zu beenden, beurteilt der Kunde den in dieser Beziehung erhaltenen oder noch zu erwartenden Nettonutzen. Dieser Nettonutzen ist der Wert, den der Kunde einer Geschäftsbeziehung beimisst (Eggert 2003, S. 49). Andererseits wird der Begriff Kundenwert von Anbieterseite her verwendet, um den ökonomischen Wert von Kunden, Segmenten oder Geschäftsbeziehungen zu beschreiben (Krafft 2007, S. 44).

Die vorliegende Arbeit wird sich im Folgenden ausschließlich mit der Unternehmensperspektive, also dem Kundenwert der Anbieterseite, beschäftigen.

In der Literatur finden sich verschiedene Definitionen des Kundenwerts, die sich im Kern jedoch alle gleichen. Cornelsen (2000, S. 38) und Panzer (2003, S. 17) bezeichnen den Kundenwert als den Indikator des Ausmaßes, in dem ein Kunde dazu beiträgt, die monetären bzw. nicht-monetären Ziele des Anbieters zu erfüllen. Plinke (1989, S. 316) hingegen, beschreibt den Kundenwert negativ: Der Kundenwert ist der Schaden, der entsteht, wenn die Kundenbeziehung durch Abwanderung des Kunden beendet wird, d.h. er entspricht dem drohenden Verlust von Erfolgspotenzialen. Für Meffert und Bruhn (2009, S. 396) wird der Kundenwert durch die diskontierten Einzahlungsüberschüsse, die ein Kunde im gesamten Verlauf seiner Kundenbeziehung für das Unternehmen erzeugt, dargestellt.

Der Wert eines Kunden sollte idealtypisch über die gesamte „Lebenszeit" der Kundenbeziehung betrachtet werden. Hierbei kann ersichtlich werden, dass bei erfolgversprechenden Kunden, die dem Unternehmen lange loyal bleiben, hohe Investitionen in Akquisition und Betreuung gerechtfertigt sind (Bruhn et al. 2000, S. 169).

Gemäß Link und Hildebrand (1997, S. 30) kommt der Kundenbewertung eine doppelte Bedeutung zu. Zum einen lässt sich der Beitrag eines Kunden zum Unternehmenserfolg und zum anderen die Investitionswürdigkeit des Kunden hinsichtlich zu ergreifender Marketingmaßnahmen ermitteln und bewerten. Kundenwerte werden daher im ökonomischen Sinne als Vermögensgegenstände interpretiert, die es zu planen, zu messen und zu steuern gilt (Krafft 2007, S. 44).

Ziel der Kundenwertermittlung ist es deshalb nicht, jeden einzelnen Kunden möglichst lange zu halten, sondern die vielversprechenden Kunden zu identifizieren, sie zu selektieren, durch Förderung an sich zu binden und bei der anschließenden Pflege der Geschäftsbeziehung eine entsprechend erfolgs- bzw. wertorientierte Betreuung vorzunehmen (Gierl/Kurbel 1997, S. 176; Helm/Günter 2006, S. 14).

Dass sich die Unternehmen der Aktualität und Bedeutung des Themas Kundenwert schon seit einiger Zeit bewusst sind, zeigen Erhebungen von Krafft und Marzian aus dem Jahr 1997: Damals bejahten 70% der in einer empirischen Untersuchung befragten deutschen Unternehmen die Wichtigkeit der Berechnung eines Kundenwertes. Nur jedes sechste Unternehmen jedoch nahm tatsächlich eine Kundenwertberechnung vor.

Neben eindimensionalen Messansätzen, die nur einen Baustein bei der Kalkulation von Kundenwerten berücksichtigen, existieren auch mehrdimensionale Modelle. Diese verbinden Kriterien gleicher oder unterschiedlicher Art miteinander und können so eine höhere Komplexität und mehr Realitätsnähe abbilden (Rieker 1995, S. 49). Dabei können unterschiedliche Arten von Bausteinen in Kundenwertmodelle integriert werden, wie quantitative und qualitative, bzw. monetäre und nicht-monetäre Bestandteile. Teilweise können also qualitative und zunächst nicht-monetäre Bausteine (wie z.B. Kundenbindung) in monetäre Größen überführt werden. Innerhalb der zeitbezogenen Perspektive kann sich ein Kundenwert auf einen historischen Zeitpunkt beziehen und Vergangenheits- bzw. Gegenwartswerte enthalten, aus welchen wiederum Schlüsse gezogen werden können. Interessanter ist jedoch zumeist der potenzielle, also zukünftig zu erwartende, Wertbeitrag eines Kunden. Eine solche Potenzialbetrachtung enthält naturgemäß Prognoseelemente (Günter/Helm 2006, S. 360f.).

Es findet sich in der Literatur eine Fülle an Methoden, die zur Berechnung des Kundenwerts angewandt werden können (Englbrecht 2007, S. 75). Besonders im Bereich des Customer Relationship Management (CRM) hat sich das Modell des Customer Lifetime Value (CLV) im Bezug auf die mehrdimensionalen Ansätze als ein dominierendes Konstrukt der Kundenwertberechnung erwiesen. Da der CLV in den letzten Jahren zunehmend an Bedeutung gewann (Berger/Nasr 1998, S. 17; Steiner 2009, S. 1), soll seine Kalkulation mit Hilfe von Hazard-Raten-Modellen im Rahmen dieser Arbeit intensiv betrachtet werden.

1.2 Problemstellung: Tauglichkeit von Hazard-Raten-Modellen zur CLV-Analyse

Ziel dieser Arbeit ist es Hazard-Raten-Modelle als Instrument der CLV-Analyse vorzustellen. Dabei soll ein besonderer Fokus auf die Anwendungsmöglichkeiten und Rahmenbedingungen der Hazard-Raten-Modelle gelegt werden. Die Vielfalt und Komplexität der Hazard-Raten-Ansätze soll anhand einiger ausgewählter Modelle deutlich gemacht werden. Dabei gilt es Stärken, Schwächen und mögliche Problemfelder zu identifizieren und zu evaluieren. In diesem Kontext sollen die Modelle miteinander verglichen und von weiteren bedeutenden Ansätzen der CLV-Analyse abgegrenzt werden.

1.3 Aufbau der Arbeit

Um ein gemeinsames Verständnis zu gewährleisten, wird anfangs das Konstrukt des Customer Lifetime Value erklärt und vom Begriff des allgemeinen Kundenwerts abgegrenzt. In diesem Kontext werden verschiedene Berechnungsmöglichkeiten und Herangehensweisen für den CLV erläutert. Anschließend werden die Determinanten des CLV vorgestellt und knapp definiert.

Kapitel drei behandelt das Anwendungspotenzial der Hazard-Raten-Modelle. In diesem Rahmen wird zuerst auf die Situation, bzw. Notwendigkeit einer vertraglichen Geschäftsbeziehungen eingegangen. Parallel dazu werden zwei verschiedene Kundenbeziehungstypen (Lost-for-good / Always-a-share) definiert und erläutert. Im nächsten Unterabschnitt werden zwei darauf aufbauende Modelle (Customer-Retention-Modell / Customer-Migration-Modell) vorgestellt und kurz umrissen. In einem dritten Schritt kann dann der Einsatz von Hazard-Raten-Modellen zur Schätzung der Retention-Rate im Lost-for-good-Szenario angesprochen werden.

Im folgenden Kapitel, das den Kern dieser Arbeit darstellt, wird die Methodik der Hazard-Raten-Modelle ergründet. Zensierung und Trunkierung werden als mögliches Problemfeld diskutiert. Dichtefunktion, Verteilungsfunktion, Survivorfunktion und Hazard-Rate werden erklärt und in Relation zueinander gesetzt. Mit Hilfe einer graphischen Darstellung wird ein Überblick über die Hauptmodelle der Hazard-Raten und ihre Modellannahmen gegeben. Daraufhin werden nicht-parametrische, semi-parametrische und parametrische Modelle unterschieden und nach wachsender Komplexität erklärt. Als parametrische Ansätze werden kurz die Sterbetafel-Methode und der Kaplan-Meier-Schätzer vorgestellt. Es folgt die Integration von Kovariablen, um ein realitätsnäheres Bild zu schaffen. Danach wird die Funktionsweise der semi-parametrischen Modelle anhand der Cox-Regression erläutert. Nach deren kritischer Betrachtung werden die parametrischen Modelle erklärt. Exemplarisch werden dabei das Exponential-Modell, das Weibull-Modell und das Log-Logistische Modell mit ihren Verteilungsannahmen hervorgehoben. Anschließend werden die vorgestellten Modelle evaluiert. In diesem Rahmen wird knapp auf unbeobachtete Heterogenität als mögliche Problematik eingegangen.

Kapitel 5 unterzieht die Hazard-Raten-Modelle einer kritischen Würdigung. Dabei wird zuerst eine allgemeine Bewertung und hierauf eine Abgrenzung zu weiteren bedeutenden Ansätzen der CLV-Analyse vorgenommen. Beispielhaft werden das NBD/Pareto-Modell und das Markov-Migration-Modell angeführt. Abschließend werden pragmatische und heuristische Verfahren von den Hazard-Raten-Modellen abgegrenzt.

Im Fazit werden die gewonnenen Erkenntnisse zusammen getragen, und ein Ausblick in die Zukunft gegeben.

2 Customer Lifetime Value zur Berechnung des langfristigen Kundenwerts

Der CLV erfüllt als Kundenwertmodell die geforderte Dynamisierung der individuellen Kundenwertberechnung über die Totalperiode der Geschäftsbeziehung (Plinke 1989, S. 320; Grunert 2007, S. 19) und wurde insbesondere von Dwyer 1997 in die Marketingliteratur eingeführt. Berücksichtigt wird der gesamte Kundenlebenszyklus. Vom ersten Kontakt zwischen Kunde und Unternehmen bis zur letzten Transaktion. Damit stellt der CLV ein sowohl gegenwartsbezogenes, als auch prospektiv ausgerichtetes Modell dar (Simon 2005, S. 41). Die Besonderheit, im Vergleich zu anderen Modellen, ist die Ermittlung des Wertes der zukünftigen Kundenbeziehung (Günter 2006, S. 244).

Trotz zahlreicher Publikationen zum Thema CLV hat sich bis heute keine einheitliche Definition und kein einheitliches Berechnungsschema etabliert (Englbrecht 2007, S. 108). Das CLV-Verständnis dieser Arbeit lehnt sich an die Definition von Link und Hildebrand (1997, S. 164), „wonach der Wert eines Investitionsobjekts (Kunde) sich aus den diskontierten, dem Kunden direkt zurechenbaren Ein- und Auszahlungen während der gesamten Lebensdauer einer Investition (Kundenbeziehung) berechnet". Ähnlicher Ansicht sind auch Homburg und Daum (1997, S. 100), Berger und Nasr (1998, S. 19), Bruhn, Georgi, Treyer und Leumann (2000a, S. 170), Panzer (2003, S. 20), und Englbrecht (2007, S.107).

2.1 Konzeption des CLV-Ansatzes

Grundsätzlich ist der CLV-Ansatz ein Berechnungsverfahren, das die Prinzipien der dynamischen Investitionsrechnung auf Kundenbeziehungen überträgt. Generell sind hier zwei Berechnungsformen möglich, die sich einzig durch den Referenzzeitpunkt unterscheiden: Der Potential CLV und der Present CLV. Der Potential CLV entspricht in seiner Grundstruktur dem Deckungsbeitragspotenzial eines Kunden. Hierbei werden die Zahlungsströme ohne Berücksichtigung eines Referenzzeitpunktes kumuliert. Der ermittelte Wert zeigt auf, welchen potenziellen Gewinn/Deckungsbeitrag ein Kunde für das Unternehmen während seiner gesamten Lebenszeit aufweist (Bruhn et al. 2000, S. 171).

$$CLV_{Potential} = \sum_{t=0}^{T} e_t - a_t$$

$t = 0, 1, ..., T$ Perioden des Beobachtungszeitraums

e_t Einzahlungen in Periode t

a_t Auszahlungen in Periode t

Formel 1: Potential CLV

(Quelle: Eigene Darstellung, in Anlehnung an Krafft 2007, S. 234)

Der Present CLV entspricht dem CLV im engeren Sinne und ist die Basis der meisten CLV-Berechnungen. Mittels Diskontierung (Abzinsung) der Zahlungsströme wird der gegenwärtige Wert eines Kunden ermittelt (Simon 2005, S. 47). Diese Vorgehensweise beruht auf dem Prinzip, dass zukünftige Zahlungen weniger wert sind als gegenwärtige (Homburg/Daum 1997, S. 100). Der Gegenwartswert eines Kunden ist insofern von Interesse, da die gesamten strategischen Entscheidungen nur auf Basis des aktuellen Wertes getroffen werden können (Bruhn et al. 2000, S. 169; Bruhn 2009, S. 219f.).

$$CLV_{Present} = \sum_{t=0}^{T} \frac{e_t - a_t}{(1+i)^t}$$

$t = 0, 1, ..., T$ Perioden des Betrachtungszeitraumes

e_t (erwartete) Einzahlungen in der Periode t

a_t (erwartete) Auszahlungen in der Periode t

i Kalkulationszinssatz

Formel 2: Present CLV

(Quelle: Eigene Darstellung, in Anlehnung an Eberling 2002, S. 179)

Die Differenz zwischen Ein- und Auszahlungen in einer Periode wird als Netto-Cash-Flow (NFC) bezeichnet. Wird der Kapitalwert auf den Beginn des Planungszeitraumes bezogen, stellen die jeweils auf t_0 abgezinsten zukünftigen Ein- und Auszahlungen Barwerte dar (Englbrecht 2007, S. 107).

Eine Erweiterung des Present CLV stellt der CLV mit Retention-Rate dar. Die Retention-Rate ist die Kundenbindungsrate oder Wiederkaufwahrscheinlichkeit. Sie entspricht der Wahrscheinlichkeit, dass die Geschäftsbeziehung in der jeweiligen Periode noch aktiv ist. Die Implementierung einer Retention-Rate basiert auf der Überlegung, dass bei der Ermittlung des Kundenwertes das Risiko der Beziehung bzw. die Unsicherheit der Beziehungserhaltung miteinbezogen werden sollte. Hierdurch erhöht sich die Aussagekraft des CLV dramatisch (Jackson 1985, S. 18; Bruhn et al. 2000, S. 170-173).

$$CLV_R = \sum_{t=0}^{T} \frac{(e_t - a_t) \cdot r_t^t}{(1+i)^t}$$

r Retention-Rate (hier: r dynamisch)

Formel 3: Present CLV mit Retention-Rate

(Quelle: Eigene Darstellung, in Anlehnung an Englbrecht 2007, S. 142)

Aufgrund der Annahme, dass eine Abwanderung (Nicht-Kauf in einer Periode) endgültig ist, muss bei der CLV-Berechnung der Nettoerlös jeweils mit der kumulierten Retention-Rate multipliziert werden (Englbrecht 2007, S. 121).

Ausgehend von einer Unterscheidung von Märkten anhand des Always-a-share-Modells auf der einen Seite und des Lost-for-good-Modells (Jackson 1985, S. 122-124) auf der anderen Seite, kann diese Beziehungsunsicherheit in einem Migration-Modell oder einem Retention-Modell konzeptionalisiert werden (Dwyer 1997, S. 8-13). Auf die beiden letztgenannten Modelle wird im Unterabschnitt 3.2 noch ausführlicher eingegangen.

2.2 Determinanten des CLV

Der CLV wird aus Wert- und Zeitkomponenten berechnet (Bruhn et al. 2004, S. 439). Die Wertkomponenten setzen sich aus den laufenden Ein- und Auszahlungen zusammen. Beobachtungszeitraum und die Periodenlänge stellen die Zeitkomponenten dar. Der Zinssatz zur Diskontierung wird sowohl als Wertkomponente als auch als Zeitkomponente aufgefasst (Rust et al. 2000, S. 38).

2.2.1 Zahlungsströme (Cash-Flow)

Es existieren verschiedene Schemata zur Ermittlung des investitionsrechnerisch geprägten Cash-Flows. Meistens besteht der überwiegende Teil des Cash-Flows aus Einzahlungen aus Kundenbeziehungen. Diese Mittel sind primär dazu bestimmt, die durch die Leistungserstellung bedingten Auszahlungen zu decken. In der Regel sind dies Auszahlungen für Personal und Material (Barth/Wille 2000, S. 35). Die übrigen Mittel können zum Aufbau neuer und zum Ausbau bestehender Kundenbeziehungen eingesetzt werden. Der resultierende Wert wird als Netto-Cash-Flow (NFC) bezeichnet (Englbrecht 2007, S. 115).

2.2.2 Kalkulationszinssatz

Der Kalkulationszinssatz ist der auf die Periode bezogene Zinssatz, mit dem sämtliche Zahlungen auf den Bezugszeitpunkt abgezinst werden. Hierdurch lassen sich im Kapitalwertmodell Investitionsalternativen vergleichbar machen. Dabei müssen entstehende Finanzierungskosten (Kapitalkosten) berücksichtigt werden, da diese nicht in den Nettozahlungen enthalten sind. Der Fremdkapitalkostensatz kann aus der tatsächlichen Zinsbelastung relativ einfach bestimmt werden. Den Eigenkapitalkostensatz determiniert die entgangene Verzinsung bei einer risikoadäquaten Alternativanlage (Opportunitätskosten des Eigenkapitaleinsatzes). Durch eine Erhöhung des Kalkulationszinssatzes sinkt demnach ceteris paribus der CLV (Englbrecht 2007, S. 116).

Generell werden die Angaben zur Bestimmung eines risikoangepassten Kalkulationszinsfußes in der CRM-Literatur sehr allgemein gehalten und thematisieren diese Problematik kaum. Laut Dwyer (1997, S. 10), Berger und Nasr (1998, S. 20ff.), und Bruhn et al. (2000a, S. 172) werden in numerischen Beispielen zur Vereinfachung meist Zinssätze von 10%-20% verwendet.

2.2.3 Periodenlänge

Die Einteilung diskreter Perioden ist Voraussetzung für die Diskontierung und gestattet die Erfassung unterschiedlicher Zahlungsströme im Zeitverlauf. Zur Festlegung der Periodenlänge ist der durchschnittliche Verlauf der Kundenbeziehung in Abhängigkeit der Branche bzw. des Produktes zu berücksichtigen. Für eine Lebensversicherung bspw. dürfte eine Periode von einem Jahr angemessen sein, da sich in diesem Zeitraum Ein- und Auszahlungen nicht ändern. Für einen Mobilfunkanbieter jedoch ist dieser Zeitraum wahrscheinlich zu lang. Abhängig von der Periodenlänge ist auch die Abbildung bestimmter Effekte. Saisoneffekte werden z.b. bei einer Periodenlänge von einem Jahr nicht sichtbar. Empfehlenswert ist daher, mehrere Modellvarianten zu testen und zu vergleichen. In der Literatur wird meist eine Periodenlänge von einem Jahr verwendet (Berger/Nasr 1998, S. 19; Englbrecht 2007, S. 114).

2.2.4 Beziehungsdauer

Um den CLV im eigentlichen Wortsinn als Kundenlebenszeitwert berechnen zu können, muss der Zeithorizont des CLV möglichst korrekt bestimmt werden. Es gilt die Dauer der Kundenbeziehung ex ante zu schätzen, bzw. die Kundenbindungswahrscheinlichkeit (Retention-Rate) zu ermitteln (Englbrecht 2007, S. 110). In der Praxis werden dazu meist grobe Schätzungen auf der Basis vergangenheitsbezogener Durchschnitts- oder Segmentwerte vorgenommen. Für eine hinreichend valide Prognose der individuellen Kundenlebenszeit bieten sich allerdings neuere, theoretisch anspruchsvollere Methoden an, wie z.b. Hazard-Raten-Modelle oder NBD/Pareto-Modelle. Sie beziehen sich dabei jeweils auf spezifische Gegebenheiten von vertraglichen und nichtvertraglichen Geschäftsverhältnissen (Simon 2005, S. 53ff.).

3 Anwendungspotenzial von Hazard-Raten-Modellen bei der CLV-Analyse

3.1 Schätzung der Beziehungsdauer bei vertraglicher Bindung

Sind Käufer und Verkäufer durch einen Vertrag für gewisse Zeit aneinander gebunden, wie es etwa in der Finanzdienstleistungs- oder Telekommunikationsbranche der Fall ist, lässt sich die Kundenbeziehungsdauer gut mit Hilfe von Hazard-Raten- bzw. Survival-Modellen prognostizieren (Krafft/Rutsatz 2006, S. 275). Diese gehören zur Gruppe der Ereignisanalysen (Simon 2005, S. 53). Aufgrund ihrer Verteilungsannahmen erfordern diese Ansätze lediglich Informationen über den ersten und letzten Kauf, die sich bei vertraglichen Geschäftsbeziehungen leicht feststellen lassen (Litfin 2000, S. 64; Simon 2005, S. 57).

Bestehen keine vertraglichen Bindungen zwischen Unternehmen und Kunden, wie etwa beim Versandhandel oder auf dem Pharmamarkt, ist die Anwendung von Hazard-Raten-Modellen problematisch, da die einzelnen Kaufepisoden nicht einwandfrei bestimmt werden können. Daher empfiehlt sich insbesondere das NBD/Pareto-Modell als Ansatz zur Bestimmung der Kundenlebenszeit (Englbrecht 2007, S. 114). Dieses ist der Gruppe der Count-Data-Modelle zuzuordnen (Simon 2005, S. 58). Das auf Schmittlein, Morrison und Colombo (1987) zurückgehende Verfahren berechnet auf Basis historischer Transaktionsdaten zunächst die Wahrscheinlichkeit, dass ein Kunde in der Geschäftsbeziehung mit dem Unternehmen noch aktiv ist. Die kundenindividuelle Wahrscheinlichkeit des „Überlebens" wird als $P(Alive)$ bezeichnet (Jain/Singh 2002, S. 40). Darauf aufbauend kann dann in einem zweiten Schritt die Kundenlebenszeit geschätzt werden (Krafft 2007, S. 114). Eine ausführlichere Darstellung des NBD/Pareto-Modells folgt in Unterabschnitt 5.2.1.

3.2 Kundenbeziehungstypen: Lost-for-good vs. Always-a-share

Parallel zu der Frage nach einer vertraglichen Geschäftsbeziehung findet sich in der Literatur eine weitere Unterscheidung hinsichtlich der Anwendbarkeit verschiedener Modelltypen. Hierbei unterschied Jackson (1985) erstmals zwei Arten von Kundenbeziehungstypen: Die Lost-for-good-Kunden und die Always-a-share-Kunden (Jackson 1985, S. 13ff.). Bei verschiedenen Marktformen lassen sich die beiden Modelle als die beiden Extrema eines Spektrums differenzieren (Jackson 1985, S. 122; Dwyer 1997, S. 8; Berger/Nasr 1998, S. 19; Bruhn et al. 2000, S. 168).

Das Lost-for-good-Modell nimmt an, dass ein Kunde entweder total an ein Unternehmen gebunden, oder endgültig („lost for good") verloren und an einen anderen Anbieter gebunden ist (Jackson 1985, S. 13f.; Berger/Nasr 1998, S. 19). Diese Kunden haben aufgrund hoher Wechselkosten in der Regel langfristige Bindungen (Commitments). Meist suchen derartige Kunden bei ihrem Unternehmen die Lösung eines komplexeren Problems (Dwyer 1997, S. 8). Das Lost-for-good-Modell spiegelt daher eine Kundenbeziehung mit schwer austauschbaren, differenzierten Leistungen wider (Bruhn et al. 2000, S. 168), wie es z.b. bei einer Versicherung der Fall wäre.

Auf der anderen Seite steht das Always-a-share-Modell, das auf Märkte mit leicht austauschbaren Leistungen anwendbar ist. Das Verhältnis zwischen Anbieter und Nachfrager ist nicht auf eine langfristige Kundenbeziehung ausgelegt, sondern bezieht sich hauptsächlich auf die nächste Transaktion (Bruhn et al. 2000, S. 168). Im Gegensatz zum Lost-for-good-Modell kann der Kunde leicht mit neuen Anbietern experimentieren, da die Wechselkosten in der Regel sehr gering sind (Jackson 1985, S. 14; Berger/Nasr 1998, S. 19). Der Kunde hat somit die Möglichkeit bei jedem Anbieter einen Teil seines Kaufvolumens zu decken („always a share") (Jackson 1985, S. 15). Daher ist ein solcher Kunde auch sehr viel preissensibler und empfänglicher im Bezug auf Werbung (Dwyer 1997, S. 8). Ein gutes Beispiel hierfür wäre der Einkauf in einem Supermarkt.

Dwyer griff 1997 die Klassifizierung von Jackson auf und entwickelte auf dieser Basis zwei Grundmodelle zur Berechnung des CLV, nämlich das Customer-Retention-Modell und das Customer-Migration-Modell (Dwyer 1997, S. 9ff.; Berger/Nasr 1998, S. 19; Englbrecht 2007, S. 121).

Das Customer-Migration-Modell lehnt sich an das Always-a-share-Modell an. Die Anwendungsbereiche umfassen kurzlebige Verbrauchsgüter (z.b. Büromaterial) oder Dienstleistungen ohne lange vertragliche Bindung (Versandhandel, Reisen etc.) (Dwyer 1997, S. 8).

Das Migration-Modell verzichtet auf die Dichotomisierung in Kunde und Nicht-Kunde. Die Verwendung von Kaufwahrscheinlichkeiten anstelle von Bindungsraten ermöglicht es, Kunden auch dann weiterhin im Modell zu erfassen, wenn in einer oder mehreren Perioden keine Erlöse erzielt wurden. Dazu erfolgt eine Segmentaufteilung. Hierzu klassifiziert Dwyer (1997) die Kunden nach dem Zeitpunkt des letzten Kaufs (Recency), der nach empirischen Untersuchungen maßgeblichen Einfluss auf das zukünftige Kaufverhalten hat (Dwyer 1997, S. 11). Die Wahrscheinlichkeit einer erneuten Berücksichtigung des Unternehmens durch den Kunden ist umso geringer, je länger der vorherige Kauf zurückliegt (Bruhn et al. 2000, S. 173f.). Die Kunden wandern mit einer bestimmten Wahrscheinlichkeit zwischen den sogenannten „Recency-Cells". Darauf aufbauend wird ein Wahrscheinlichkeitsbaum aufgestellt, mit dessen Hilfe der Kundenwert in Form eines Erwartungswertes ermittelt wird (Bruhn et al. 2000, S. 174).

Im Kontrast dazu steht das Customer-Retention-Modell, welches sich auf die Lost-for-good-Situation bezieht. Typischerweise werden Retention-Modelle bei Kontraktgütern (u.a. Mobilfunk, Banken, Versicherungen, Zeitschriftenabonnement) oder langlebigen Gebrauchsgütern (z.B. Automobil, Computer) angewandt (Englbrecht 2007, S. 123).

3.3   Bestimmung der Retention-Rate im Lost-for-good-Szenario

Wie schon in Unterabschnitt 2.1 erläutert, wird im Retention-Modell die CLV-Formel im Lost-for-good-Szenario mit der Retention-Rate erweitert. Diese Wahrscheinlichkeit kann konstant oder dynamisch sein. Allerdings spiegelt eine Dynamisierung die Entwicklung des Kunden im Beziehungslebenszyklus wider und ist daher vorzuziehen (Wang/Splegel 1994, S. 75). Die Retention-Rate drückt die Wahrscheinlichkeit aus, mit der der Kunde bis zum nächsten Kauf beim Unternehmen bleibt, unter der Voraussetzung dass alle bisherigen Käufe bei diesem Unternehmen stattgefunden haben (Jackson 1985, S. 18). Deshalb kann sie nur Werte zwischen 0 (Beziehungsbeendigung) und 1 (sichere Beziehungsweiterführung) annehmen (Bruhn et al. 2000, S. 174).

Um eine dynamische Retention-Rate zu erzeugen, erweisen sich Hazard-Raten-Modelle als besonders effektiv. Denn durch Bestimmung der Survivorfunktion für einen bestimmten Kunden zu einem bestimmten Zeitpunkt erhält man ohne aufwendige Umformungen die Retention-Rate für die jeweilige Periode. Das bedeutet, der Wert der Survivorfunktion zu einem bestimmten Zeitpunkt entspricht der Retention-Rate. Diese kann dann ganz einfach in die bereits in 2.1 gezeigte CLV-Formel mit Retention-Rate eingesetzt werden. Wie genau sich die Survivorfunktion herleitet wird in Unterabschnitt 4.3 beschrieben.

4   Methodik der Hazard-Raten-Modelle

Ursprünglich wurden Hazard-Raten-Modelle in der Medizin genutzt, um Überlebensraten bei Krankheitsverläufen zu untersuchen (Cox/Oakes 1984; Klein/Moeschberger 1998; Simon 2005, S. 55). Später erlangten sie grundlegende Bedeutung in der Versicherungsmathematik, wo sie im Rahmen von Sterbetafeln (Life Tables), u.a. bei der Rentenberechnung Anwendung fanden (Kaplan/Meier 1958).

In den letzten Jahren entdeckten nun zunehmend auch die Wirtschafts- und Sozialwissenschaften Hazard-Raten-Modelle für sich (Blossfeld et al. 1986/1989; Litfin 2000; Hüppelshäuser et al. 2006), um mit Hilfe von neuen, leistungsstarken Statistikprogrammen Längsschnittdaten aus Prozess- und Verlaufsuntersuchungen zu analysieren (Blossfeld et al. 1986, S. 27; Blossfeld et al. 1989b, S. 213).

Hazard-Raten-Modelle werden im Allgemeinen als Ereignis- oder Verweildaueranalysen (Blossfeld et al. 1986) bezeichnet, im Englischen analog Event History Analysis (Allison 1984) oder in technischen Anwendungen, wie z.b. Gerätelaufzeiten, Analysis of Failure Time Data (Kalbfleisch/Prentice 2002).

Die typische Fragestellung ist meist die Zeitdauer bis zum Eintritt eines Ereignisses. Dieses Ereignis kann bspw. eine Abo-Kündigung oder die Adoption eines neuen Produktes sein (Garczorz 2004, Litfin 2000). Im speziellen Fall der Kundenwertberechnung interessiert jedoch in erster Linie die Dauer bis zum Ende der Kundenbeziehung. Da es bei nicht-vertraglichen Beziehungen schwer abzuschätzen ist, ab wann ein momentan inaktiver Kunde tatsächlich zu einem anderen Anbieter abgewandert ist, eignen sich Hazard-Analysen vorrangig für vertragliche Beziehungen. Hierbei wird der Abwanderungszeitpunkt ganz einfach durch die Kündigung des Kunden bestimmt. In diesem Kontext lässt sich mit Hilfe von Hazard-Raten zum einen ein geeigneter Betrachtungszeitraum festlegen, und zum anderen über den Umweg der Survivorfunktion die Retention-Rate bestimmen.

Allgemein formuliert untersuchen Hazard-Raten-Modelle die Länge der Zeitintervalle zwischen aufeinanderfolgenden Zustandswechseln. Sie informieren über die Zeitdauern bis zum Eintreten bestimmter Ereignisse und damit über die genauen Zeitpunkte bis zum einem Zustandswechsel. Die Ereignisse können zu beliebigen Zeitpunkten eintreten. Dabei unterstellen sie diskrete Zustände (z.b. entweder Kunde oder Nicht-Kunde) und stetige Zeit. Oft geht man dabei davon aus, dass die Zeitdauer bis zum Eintreten des Ereignisses einer spezifischen, stochastischen Verteilung folgt, auf die Einflussfaktoren hemmend oder beschleunigend einwirken können (Litfin 2000, S. 64).

Der englische Begriff „Hazard" bedeutet soviel wie Gefahr oder Risiko. Krafft (2007, S. 158) bezeichnet die Hazard-Rate auch als Mortalitätsrate („Kundensterberate").

Einfacher ausgedrückt und auf die CLV-Berechnung übertragen bedeutet das, dass Hazard-Raten-Modelle die Gefahr oder das Risiko bestimmen, dass ein Kunde, der die Geschäftsbeziehung bisher noch nicht beendet hat, diese im folgenden infinitesimal kleinen Zeitintervall beenden wird (Simon 2005, S. 56). „Überlebt" ein Kunde den Zeitpunkt t jedoch, so gibt die Hazard-Rate Aufschluss über „den weiteren Verlauf" der Beziehung (Blossfeld et al. 1989b, S. 219).

Als Besonderheit der Hazard-Raten-Modellen gegenüber anderen Verfahren, wie z.b. der Logistischen Regression, muss hervorgehoben werden, dass eben nicht nur der Zustand zu einem bestimmten Zeitpunkt, sondern zusätzlich auch noch die Zeitdauer bis zum Zustandswechsel wichtig ist. Diese Information ist von Bedeutung, da die Wahrscheinlichkeit, dass es zu einem Zustandswechsel (Kündigung/Beziehungsbeendigung) kommt, von der bereits vergangenen Verweildauer des Individuums in einem bestimmten Zustand (aktiver Kunde) abhängig ist. Die Hazard-Analyse kann diese funktionale Abhängigkeit von der Zeit explizit berücksichtigen (Garczorz 2004, S. 72).

Im Falle der CLV-Berechnung liegt der einfachste Fall der Ereignisanalyse vor, denn es handelt sich um einen Ein-Episodenfall (Blossfeld et al. 1986, S. 30; Blossfeld et al. 1989b, S 217f.). Als Episode wird der Zeitraum zwischen zwei Zuständen bezeichnet. Die Messung beginnt mit dem Anfangszustand (aktive Kundenbeziehung) und endet beim Erreichen des Endzustandes (Kündigung/Beziehungsbeendigung).

Generell aber bestechen Hazard-Raten-Modelle gegenüber anderen Verfahren durch zwei entscheidende Vorteile: Zum einen erlauben sie die Integration zeitveränderlicher Einflussgrößen, und zum anderen gelingt ihnen eine adäquate Erfassung der Zensierungsproblematik, ohne dass es zu Verzerrungen der geschätzten Parameter und den daraus möglicherweise resultierenden fehlerhaften Implikationen kommt. (Blossfeld et al. 1989b, S. 213f.; Helsen/Schmittlein 1993, S. 399f.; Garczorz 2004, S. 71f.; Krafft/Rutsatz 2006, S. 275).

4.1   Zensierung und Trunkierung

Hazard-Raten-Modelle wurden entwickelt, um insbesondere den Zeitbezug von empirischen Fragestellungen zu analysieren. Im Fokus stehen also Zeitpunkte oder Zeiträume (Reimer/Barrot 2007, S. 294). Sollen bspw. Kundenwerte berechnet werden, so benötigt man für eine vollständige Beobachtung Startpunkt und Endpunkt der Kundenbeziehung. Startpunkt kann je nach Berechnungsmethode der Anfang der Kundenbeziehung oder der gegenwärtige Zeitpunkt sein. Endpunkt ist in jedem Fall die Kündigung bzw. die Beendigung der Kundenbeziehung. Allerdings ist es aus forschungsökonomischen Gründen häufig nicht möglich alle Beobachtungen vollständig zu messen. Es entstehen unvollständige Beobachtungen (Zensierung) oder Teile der Grundgesamtheit können gänzlich aus der Analyse herausfallen (Trunkierung) (Blossfeld/Rohwer 1995, S. 34; Klein/Moeschberger 1998, S. 55ff.). Sowohl Krafft (2007, S. 160f.), als auch Litfin (2000, S. 69f.) und Garczorz (2004, S. 88f.) vermischen die Begriffe Trunkierung und Zensierung. Diese Arbeit jedoch orientiert sich an den Begrifflichkeiten von Klein/Moeschberger (1998, S. 55ff.) und Reimer/Barrot (2007, S. 294).

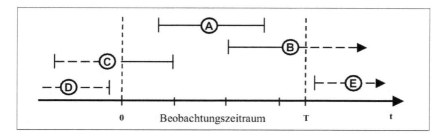

Abbildung 1: Zensierung und Trunkierung

(Quelle: Reimer/Barrot 2007, S. 294)

In der vorliegenden Abbildung spricht man von Linkstrunkierung (D), wenn Kundenbeziehungen schon vor Beobachtungsbeginn beendet wurden, so dass sie in der Analyse keine Berücksichtigung finden. Rechtstrunkierung (E) hingegen bedeutet, dass die Individuen erst nach der Datenerhebung überhaupt zu Kunden wurden (Klein/Moeschberger 1998, S. 64). Unvollständige Beobachtungen lassen sich wiederum in zwei Arten gliedern. Wenn ein Zustandswechsel beim Objekt stattfindet, jedoch der Startzeitpunkt des Originalzustandes nicht bekannt ist, so spricht man von Linkszensierung (C) (Reimer/Barrot 2007, S. 294). Im Gegensatz dazu steht die Rechtszensierung (B), welche bedeutet, dass das Ereignis (Kündigung) des Untersuchungsgegenstandes erst nach Ende des Beobachtungszeitraums eintritt (Blossfeld et al. 1986, S. 72; Blossfeld et al. 1989a, S. 69). Übertragen auf den vorliegenden Fall heißt das, dass die betrachtete Person am Ende des Beobachtungsfensters immer noch Kunde ist.

In der Praxis umgeht man das Problem der Linkstrunkierung meist durch Definition des Startpunktes der Untersuchung als „absoluten Nullpunkt", so dass alle Individuen zum Zeitpunkt t = 0 noch kein Ereignis (Kündigung) aufweisen. Gleichzeitig vermeidet man so eine Linkszensierung, da alle Verweildauern im Beobachtungszeitraum beginnen (Reimer/Barrot 2007, S. 294). Bei der CLV-Berechnung vereinfachen sich die Verhältnisse zusätzlich, da der CLV theoretisch zu jedem Zeitpunkt von jedem Kunden berechnet werden kann und der Beziehungsbeginn außerdem in vertraglichen Beziehungen immer genau festzustellen ist.

Eine Rechtszensierung ist per se nicht nachteilig, da die prognostische Stärke von Hazard-Modellen zu den besonders vorteilhaften Eigenschaften dieser Verfahren zählt. Würde das Beobachtungsfenster so weit ausgedehnt, dass selbst beim letzten Objekt das betrachtete Ereignis eingetreten ist, wäre eine Prognose nicht mehr möglich (Krafft 2007, S. 106f.). Eine Elimination rechtszensierter Daten ist außerdem nicht zu empfehlen, da sie zu potenziell verzerrten Schätzern führen kann (Blossfeld et al. 1986, S. 72; Helsen/Schmittlein 1993, S. 399ff.; Litfin 2000, S. 70). Daher sollten rechtszensierte Daten für die Überprüfung der prognostischen Validität von Hazard-Modellen genutzt werden. Dies geschieht, indem zu einem Zeitpunkt jenseits des Beobachtungsfensters überprüft wird, ob das prognostizierte Verhalten eingetreten ist (Litfin 2000, S. 279ff.). Zudem stellt die Kenntnis, dass bei einigen Objekten das Ereignis noch nicht, bzw. schon sehr früh eingetreten ist, eine wertvolle Information dar (Helsen/Schmittlein 1993, S. 396).

4.2 Systematisierung

Grundsätzlich lassen sich Hazard-Raten-Modelle in drei verschiedene Ansätze differenzieren. Nicht parametrische Modelle sind eher deskriptiver Natur während semi-parametrische und parametrische Modelle auch Kovariableneinflüsse berücksichtigen (Kalbfleisch/Prentice 2002).

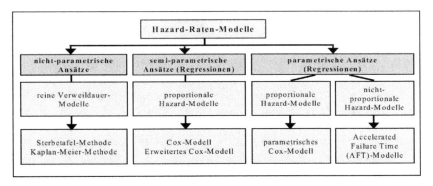

Abbildung 2: Übersicht Hazard-Raten-Modelle

(Quelle: Reimer/Barrot 2007, S. 295, in Anlehnung an Hüppelshäuser et al.2006, S. 203)

4.3 Dichtefunktion, Verteilungsfunktion, Survivorfunktion und Hazard-Rate

Bei der Anwendung von Survivor-Modellen muss die Annahme erfüllt sein, dass der Zeitpunkt des Eintritts des Ereignisses (Abbruch der Kundenbeziehung) einem Zufallsprozess folgt (Litfin 2000, S. 65; Panzer 2003, S. 142; Krafft 2007, S. 157). Es handelt sich also um stochastische Prozesse mit stetiger Zeit und einer endlichen Anzahl von möglichen Endzuständen, wobei die verstrichene Zeitdauer als Episode bezeichnet wird (Garczorz 2004, S. 84).

Die Dauer der Episode wird im statistischen Modell durch eine nicht-negative Zufallsvariable t_i repräsentiert (Blossfeld et al. 1986, S. 30; Litfin 2000, S. 64; Krafft 2007, S. 157).

Im weiteren Verlauf der Arbeit werden zusätzlich zeitkonstante und zeitvariierende Kovariablen der Kunden miteinbezogen, die mit dem Vektor X_i erfasst werden (Krafft 2007, S.157).

Für die nachfolgenden Formeln gelten diese Größen:

I	Menge der zu untersuchenden Individuen (Kunden)
t_i	Episodenlänge des i-ten Individuums $(i \in I, t_i \geq 0)$
X_i	Vektor der erklärenden Kovariablen des i-ten Individuums $(i \in I)$
$f(t_i)$	Dichtefunktion der Episodendauer des i-ten Individuums $(i \in I)$
$F(t_i)$	Verteilungsfunktion der Episodendauer des i-ten Individuums $(i \in I)$
$F'(t_i)$	Abgeleitete Verteilungsfunktion (entspricht der Dichtefunktion $f(t_i)$) der Episodendauer des i-ten Individuums $(i \in I)$
$P(T \leq t_i)$	Kündigungswahrscheinlichkeit des i-ten Individuums $(i \in I)$ während der Beobachtungsperiode
$(0, T]$	Länge des Beobachtungszeitraumes
$S(t_i)$	Survivorfunktion der Episodendauer des i-ten Individuums $(i \in I)$
$h(t_i)$	Hazard-Rate der Episodendauer des i-ten Individuums $(i \in I)$

Nach Krafft (2007, S. 157) ergibt sich, dass der Zeitpunkt des Zustandswechsels für die Subjekte i $(i \in I)$ einer Zufallsvariablen mit einer bestimmten Wahrscheinlichkeitsfunktion entspricht. Die kumulierte Verteilungsfunktion der auch als Episodenlänge bezeichneten Variablen t_i $(t_i \geq 0)$ des Kunden i $(i \in I)$, die durch $F(t_i)$ gegeben ist, bezeichnet dabei die Wahrscheinlichkeit, dass das Individuum i $(i \in I)$ während des Beobachtungszeitraums T bei einer Episodenlänge von t_i die Geschäftsbeziehung abbricht. Anders ausgedrückt gibt die kumulierte Verteilungsfunktion $F(t_i)$ die Wahrscheinlichkeit an, mit der zum Zeitpunkt t_i die Kündigung beim i-ten Kunden eingetreten ist (Garczorz 2004, S. 85; Reimer/Barrot 2007, S. 296). $P(T \leq t_i)$ ist dabei die Wahrscheinlichkeit, dass der Kunde i $(i \in I)$ innerhalb des Beobachtungsfensters inaktiv wird, bzw. kündigt. Die entsprechende Dichtefunktion ist durch $f(t_i)$ gegeben. Diese gibt die Wahrscheinlichkeit an, dass die Kündigung in einem marginal kleinen Zeitintervall auftritt (Garczorz 2004, S. 85). Das Beobachtungsfenster hat die Länge $(0, T]$.

Somit ergibt sich folgende Beziehung zwischen der kumulierten Verteilungsfunktion $F(t_i)$ und der Dichtefunktion $f(t_i)$ (Blossfeld et al. 1986, S. 31ff.; Panzer 2003, S. 142):

$$F(t_i) = P(T \leq t_i) = \int_0^{t_i} f(u_i) du$$

Formel 4: Beziehung Dichtefunktion zu Verteilungsfunktion

(Quelle: Garczorz 2004, S. 85)

Intuitiv verständlicher und leichter zu interpretieren ist hingegen die Survivorfunktion $S(t_i)$. Sie stellt das Komplement zur Verteilungsfunktion $F(t_i)$ dar. Die Survivorfunktion $S(t_i)$ erfasst die Wahrscheinlichkeit, dass der Kunde i den Zeitpunkt t_i „erlebt", also noch aktiv ist, nicht gekündigt hat und die Episode noch andauert (Blossfeld et al. 1986, S. 31; Blossfeld et al. 1989a, S. 31; Blossfeld et al. 1989b, S. 218; Klein/Moeschberger 1998, S. 21ff.; Panzer 2003, S. 142; Garczorz 2004, S. 85). $S(t_i)$ hat demnach folgende Form:

$$S(t_i) = 1 - F(t_i) = P(T > t_i)$$

Formel 5: Survivorfunktion

(Quelle: Garczorz 2004, S. 85)

Unabhängig von der unterstellten Verteilung von t_i werden in allen Survivorfunktionen über die Zeit monoton fallende Verläufe unterstellt. Dies erscheint logisch, da die Überlebenswahrscheinlichkeit mit der Zeit sinkt, bzw. mit fortschreitender Zeit immer mehr Kunden kündigen werden (Litfin 2000, S. 66). Zu Beginn des Beobachtungsfensters beträgt die Survivorfunktion 1, für $t \rightarrow \infty$ konvergiert sie gegen 0 (Panzer 2003, S. 142; Krafft 2007, S. 158).

Die Survivorfunktion $S(t_i)$ wird ebenfalls bei den in Unterabschnitt 4.1 angesprochenen rechtszensierten Daten angewandt, bei denen die Episode auch nach dem Beobachtungszeitraum noch andauert. Mit Hilfe der Survivorfunktion $S(t_i)$ lässt sich in etwa bestimmen, wie lange eine Kundenbeziehung noch andauern wird. Um vollständige und zensierte Beobachtungen zusammenfassen zu können wird dann zur Berechnung ein Zensierungsindikator C_i eingeführt (Garczorz 2004, S. 89). Im Rahmen dieser Arbeit wird allerdings auf die ausführliche Darstellung verzichtet.

Zusätzlich zur kumulierten Betrachtung der Wahrscheinlichkeiten des Bestehens einer Geschäftsbeziehung, interessiert besonders die Zustandsbestimmung zu einem beliebigen, konkreten Zeitpunkt t_i. D.h. die Bestimmung des Risikos, dass ein bestimmter Kunde zu einem bestimmten Zeitpunkt die Geschäftsbeziehung beendet – vorausgesetzt, er hat das nicht bereits getan. Solche bedingten Wahrscheinlichkeiten sind nicht direkt beobachtbar, sondern werden über den Umweg der Hazard-Rate $h(t_i)$ ermittelt (Panzer 2003, S. 143; Krafft 2007, S. 158).

Die Hazard-Rate wird von Diekmann und Mitter (1984, S. 39) als das zentrale Element der Ereignisanalyse angesehen. Sie veranschaulichen die Hazard-Rate als „Häufigkeit von Zustandswechseln in einem sehr kleinen Zeitintervall dividiert durch alle ‚Überlebenden', d.h. die Kandidaten für einen Zustandswechsel [...]" (Diekmann/Mitter 1984, S. 42). Folgende Formel drückt dies aus:

$$h(t_i) = \frac{f(t_i)}{S(t_i)} = \frac{f(t_i)}{1 - F(t_i)}$$

Formel 6: Hazard-Rate

(Quelle: Garczorz 2004, S. 86)

17

Eine äquivalente Darstellung ist gegeben durch:

$$h(t_i) = \lim_{\substack{\Delta t_i \to 0 \\ \Delta t_i > 0}} \frac{1}{\Delta t_i} P(t_i \le T < t_i + \Delta t_i \mid T \ge t_i)$$

Formel 7: Äquivalente Darstellung der Hazard-Rate

(Quelle: Garczorz 2004, S. 86)

Die Darstellung in dieser Formel lässt sich folgendermaßen motivieren: Da T eine kontinuierliche Variable darstellt, ist die Wahrscheinlichkeit, dass eine Kündigung zu einem ganz bestimmten Zeitpunkt t_i eintritt, infinitesimal klein (Allison 1984, S. 23). Deshalb wird nicht ein Zeitpunkt, sondern ein sehr kleines Zeitintervall $[t_i, t_i + \Delta t_i)$ bzw. $(t_i \le T \le t_i + \Delta t_i)$ betrachtet. Nach dieser Formulierung wäre es allerdings möglich die Kündigungswahrscheinlichkeit durch die Wahl eines genügend großen Δt_i zu inflationieren. Denn dadurch würde das Intervall zu groß. Dies wird durch die Grenzwertbildung ($\lim \Delta t_i \to 0$) und durch Division der Wahrscheinlichkeit mit der Größe des Zeitraums ($1/\Delta t_i$) verhindert (Allison 1984, S. 23; Litfin 2000, S. 67; Panzer 2003, S. 143; Krafft 2007, S. 159).

Außerdem muss sichergestellt werden, dass ausschließlich Kunden betrachtet werden, welche noch nicht gekündigt haben. Denn es wäre sinnlos das Risiko des Eintretens des Ereignisses für das Zeitintervall $[t_i, t_i + \Delta t_i)$ anzugeben, wenn der Zustandswechsel bereits stattgefunden hätte.

Folglich kann die Hazard-Rate $h(t_i)$ aufgefasst werden als Grenzwert der bedingten Wahrscheinlichkeit, dass das Ereignis „Kündigung" bisher noch nicht stattgefunden hat $(T \ge t_i)$, aber im folgenden infinitesimal kleinen Zeitintervall $[t_i, t_i + \Delta t_i)$ stattfinden wird (Blossfeld et al. 1986, S. 31; Blossfeld et al. 1989a, S. 31; Klein/Moeschberger 1998, S. 27ff.; Litfin 2000, S. 62f.; Garczorz 2004, S. 86; Simon 2005, S. 56; Reimer/Barrot 2007, S. 297).

Es ist zu bemerken, dass die Hazard-Rate $h(t_i)$ eben keine Wahrscheinlichkeit, sondern eine bedingte Dichte ist. Daher kann sie auch Werte größer 1 annehmen. Nur für ein sehr kleines Δt_i lässt sich die Hazard-Rate $h(t_i)$ als Approximation der Übergangswahrscheinlichkeit interpretieren (Blossfeld et al. 1986, S. 32; Blossfeld et al. 1989b, S. 218).

Falls der i-te Kunde den Zeitpunkt t_i jedoch „überlebt", informiert die Hazard-Rate $h(t_i)$ näherungsweise über den weiteren Verlauf der Eintrittswahrscheinlichkeiten des Ereignisses. Diese kann dabei sehr unterschiedliche Verläufe aufweisen (Blossfeld et al. 1986, S. 33; Blossfeld et al. 1989b, S. 219; Klein/Moeschberger 1998, S. 27). Die einzige Restriktion ist die Annahme nicht-negativer Hazard-Raten (Garczorz 2004, S. 87).

Hazard-Rate $h(t_i)$, Dichtefunktion $f(t_i)$, Survivorfunktion $S(t_i)$ und Verteilungsfunktion $F(t_i)$ sind also äquivalente Formen, um die kontinuierliche Wahrscheinlichkeitsverteilung einer Episodendauer zu beschreiben. Jede der eben genannten Formeln lässt sich aus jeder der genannten Formeln berechnen (Garczorz 2004, S. 87). Abbildung 3 gibt einen graphischen Überblick über die einzelnen Funktionen:

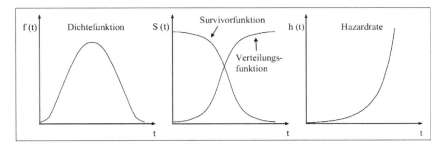

Abbildung 3: Beziehung von Dichte-, Verteilungs-, Survivorfunktion und Hazard-Rate

(Quelle: Reimer/Barrot 2007, S. 297)

Obgleich es für die vollständige Beschreibung dieses statistischen Problems ausreichen würde eine der oben genannten Funktionen zu berechnen, ist eine Unterscheidung sinnvoll, da jeweils andere Aspekte im Zentrum der Analyse, bzw. der Interpretation stehen. Im Allgemeinen gilt jedoch, dass die Hazard-Rate $h(t_i)$ mathematisch einfacher zu handhaben (Blossfeld et al. 1989b, S. 220) und inhaltlich intuitiv verständlicher ist (Garczorz 2004, S. 88).

4.4 Nicht-parametrische Ansätze

Nicht-parametrische Hazard-Ansätze werden häufig verwendet, um die Verweildauern von zwei oder mehr Gruppen von Probanden zu vergleichen (Klein/Moeschberger 1998, S. 83ff.; Hüppelshäuser et al. 2006, S. 202). Sie eignen sich besonders für Datensätze, die zu klein und zu heterogen sind, um Parametereinflüsse zu schätzen (Reimer/Barrot 2007, S. 297). Nicht-parametrische Modelle bilden in deskriptiver Form ab, wann bestimmte Ereignisse eingetreten sind. Für jede Zeiteinheit liefern sie eine individuelle Eintrittswahrscheinlichkeit und haben deshalb dynamischen Charakter (Litfin 2000, S. 62).

4.4.1 Sterbetafel-Methode

Der wohl bekannteste nicht-parametrische Hazard-Ansatz ist die Sterbetafel-Methode (Allison 1984, S. 14f.; Blossfeld et al. 1986, S. 42ff., 116f.; Blossfeld/Rohwer 1995, S. 51ff.). Hierbei wird die Episode (Zeit bis zum Eintritt des Ereignisses oder der Zensierung) in feste Intervalle geteilt, die beliebig lang sein können (Blossfeld et al. 1986, S. 116). Für jedes Zeitintervall werden nun die Hazard-Rate und die Survivorfunktion bestimmt. Die Hazard-Rate h_k errechnet sich aus der Anzahl der Ereignisse einer Periode k, dividiert durch die Risikomenge der Periode k. Die Survivor-Rate wird bestimmt durch $\hat{P}_k = \hat{p}_k \cdot ... \cdot \hat{p}_1$ mit $\hat{p}_k = 1 - h_k$ (Reimer/Barrot 2007, S. 296). Um die Survivor-Rate für Periode $k = 3$ zu ermitteln, müsste man also folgende Rechnung durchführen:

19

$$\hat{P}_3 = (1 - h_3) \cdot (1 - h_2) \cdot (1 - h_1) = \hat{p}_3 \cdot \hat{p}_2 \cdot \hat{p}_1$$

Formel 8: Survivor-Rate für Periode 3

(Quelle: Eigene Darstellung, in Anlehnung an Reimer/Barrot 2007, S. 296)

4.4.2 Kaplan-Meier-Schätzer

Der von Kaplan/Meier (1958, S. 462ff.) entwickelte Produkt-Limit-Schätzer (Kaplan-Meier-Schätzer) eignet sich besonders für kleinere Stichproben. Dieser Schätzer arbeitet nicht mit nach Intervallen gruppierten Daten, sondern mit dem tatsächlich gemessenen Ereignis- und Zensierungszeiten. Die Grundidee dieses Schätzers ist, dass durch die Einteilung der Verweildauer in immer kleinere Intervalle letztlich ein Punkt erreicht wird, wo jede Ereignis- und Zensierungszeit nur in ein bestimmtes Intervall fällt. Kaplan-Meier-Schätzer und Sterbetafelmethode sind dann identisch, wenn man bei der Sterbetafel-Methode die Intervalle entsprechend klein wählt (Blossfeld et al. 1986, S. 124).

Innerhalb dieser Basismodelle besteht aber nur die Möglichkeit einer diskreten Zeitmessung, so dass der Graph der Survivorfunktion einen treppenförmig fallenden Verlauf zeigt (Kalbfleisch/Prentice 2002, S. 17).

Im Folgenden werden die nicht-parametrischen Hazard-Modelle nicht weiter betrachtet, da sie keine Möglichkeit bieten erklärende Variablen in die Analyse mit einzubeziehen. Die den Regressionsansätzen immanente Eigenschaft, Abhängigkeitsbeziehungen zu prüfen, ist bei diesen Ansätzen somit nicht gegeben und folglich können auch keine praxisrelevanten Implikationen abgeleitet werden (Hüppelshäuser et al. 2006, S. 202).

4.5 Berücksichtigung von Kovariablen

Für viele empirische Untersuchungen reicht es nicht aus zu wissen *ob* ein Ereignis eintritt, sondern von Interesse ist vielmehr *wovon* der Ereigniseintritt abhängt. Dies erfordert die Berücksichtigung von erklärenden Kovariablen, die mit X_i bezeichnet werden. (Reimer/Barrot 2007, S. 297). Die Hazard-Rate $h(t_i \mid X_i)$ nimmt daher im weiteren Verlauf dieser Arbeit folgende Form an (Krafft 2007, S. 159):

$$h(t_i \mid X_i) = \lim_{\substack{\Delta t_i \to 0 \\ \Delta t_i > 0}} \frac{P(t_i \leq T \leq t_i + \Delta t_i \mid T \geq t_i, X_i)}{\Delta t_i} = \frac{f(t_i \mid X_i)}{1 - F(t_i \mid X_i)} = \frac{f(t_i \mid X_i)}{S(t_i \mid X_i)}$$

Formel 9: Hazard-Rate unter Berücksichtigung von Kovariablen

(Quelle: Panzer 2003, S. 143)

Neben den nicht-parametrischen Verfahren existieren außerdem semi-parametrische und parametrische Proportional-Hazard-Modelle, sowie parametrische Non-Proportional-Hazard-Ansätze (Klein/Moeschberger 1998; Kalbfleisch/Prentice 2002). Um das Verständnis zu erleichtern, wird im Folgenden nur zwischen semi-parametrischen und parametrischen Hazard-Modellen differenziert. Dem Kriterium der Proportionalität wird bei der Behandlung der einzelnen Modelle gesondert Rechnung getragen.

4.6 Semi-parametrische Ansätze

In semi-parametrischen Modellen werden die Einflüsse der Kovariablen parametrisiert, nicht jedoch die Zeitdauerabhängigkeit der Hazard-Rate. Es wird also keine Verteilungsannahme für die Hazard-Rate zugrunde gelegt, d.h. die Verteilung bleibt unspezifiziert (Blossfeld/Rohwer 1995, S. 213ff.; Panzer 2003, S. 145; Hüppelshäuser et al. 2006, S. 203; Krafft 2007, S. 164; Reimer/Barrot 2007, S. 298).

4.6.1 Cox-Regression

Als zentrale semi-parametrische Methode wird das ursprünglich von Cox entwickelte Proportional-Hazard-Modell angesehen (Cox 1972, S. 189ff.). Dieses wird in der einschlägigen Literatur auch als Cox-Regression bezeichnet (Panzer 2003, S. 145; Hüppelshäuser et al. 2006, S. 203; Krafft 2007, S. 164).

Die Grundgleichung des Cox-Modells ist wie folgt formuliert:

$$h_i(t \mid X_i) = h_0(t) \cdot e^{\beta X_i}$$

Formel 10: Grundgleichung des Cox-Modells

(Quelle: Hüppelshäuser et al. 2006, S. 203)

Im Basismodell, das zeitveränderliche Kovariablen, bzw. nicht-proportionale Hazard-Raten nicht vorsieht, wird die Hazard-Rate $h(t_i \mid X_i)$ des Individuums i $(i \in I)$ zweistufig modelliert. Dabei wird von einer unspezifischen Grund-, bzw. Basis-Hazard-Rate $h_0(t)$ ausgegangen, sowie von einem Term k $(k \in K)$ Kovariablen, die linear verknüpft werden. Die Grund-Hazard-Rate $h_0(t)$ darf ausschließlich positive Werte annehmen. Sie kann als Hazard-Rate eines Individuums i $(i \in I)$ interpretiert werden, bei dem alle Kovariablen den Wert 0 aufweisen, das also frei von jeglichen Einflüssen ist. Durch diesen Term werden im Wesentlichen drei Längsschnitteffekte abgedeckt: Schneeball-Effekte (z.B. Mund-zu-Mund-Propaganda), Trägheit (z.B. sinkende Kündigungsneigung mit zunehmender Vertragsdauer) und dynamische Einflüsse (die Grund-Hazard-Rate ist nun konstant über die Zeit). Der Term der Kovariablen hingegen adjustiert die Grund-Hazard-Rate $h_0(t)$ nach oben oder unten (Cox 1972; Blossfeld et al. 1986, S. 57, 76; Blossfeld et al. 1989a, S. 73f.; Kalbfleisch/Prentice 2002, S. 32f.; Panzer 2003, S. 145f.; Hüppelshäuser et al. 2006, S. 203; Krafft 2007, S. 164).

Durch Logarithmieren beider Seiten erhält man:

$$\ln h_i(t \mid X_i) = \ln h_0(t) + \beta X_i$$

Formel 11: Logarithmierung des Cox-Modells

(Quelle: Hüppelshäuser et al. 2006, S. 203)

Dies ist die Grundform des sogenannten Proportional-Hazard-Modells nach Cox. Aus der Formulierung erkennt man, dass die Grund-Hazard-Rate $h_0(t)$ nur von t, nicht aber von den Kovariablen X_i, abhängig ist. Der exponentielle Term beinhaltet dagegen nur die unabhängigen Kovariablen X_i, nicht aber t. Werden trotzdem zeitabhängige Kovariablen im Cox-Modell integriert, kann die Prämisse der Proportionalität verletzt werden. Die Proportionalitätsbedingung sagt aus, dass die Hazard-Raten für zwei Individuen i und j in einem konstanten Verhältnis zueinander stehen (Blossfeld et al. 1986, S. 138ff.; Kalbfleisch/Prentice 2002, S. 95ff.; Hüppelshäuser et al. 2006, S. 203; Krafft 2007, S. 165f.; Reimer/Barrot 2007, S. 298). Formal kann dies folgendermaßen gezeigt werden:

$$\frac{h_i(t)}{h_j(t)} = \frac{h_0(t) \cdot e^{\beta X_i}}{h_0(t) \cdot e^{\beta X_j}} = e^{\beta(X_i - X_j)}$$

Formel 12: Proportionalitätsbedingung

(Quelle: Hüppelshäuser et al. 2006, S. 203)

Hierbei wird deutlich, dass die Grund-Hazard-Raten sich aus dem Quotienten herauskürzen und das Verhältnis der Hazard-Raten nur noch von den Kovariablen abhängt. Diese Proportionalität ist nur dann gewährleistet, wenn sich der Wirkungseffekt der Kovariablen im Zeitablauf nicht ändert. Daher werden im originären Cox-Modell keine zeitvariierenden Kovariablen berücksichtigt (Hüppelshäuser et al. 2006, S. 203).

Jedoch fand Cox durch die Entwicklung der sogenannten Partial-Likelihood-Methode (Cox/Oakes 1984, S. 91ff.; Kalbfleisch/Prentice 2002, S. 127f.) einen Weg, zeitveränderliche Kovariablen zu integrieren. Auf eine detaillierte Beschreibung dieser Methode wird aber innerhalb dieser Arbeit verzichtet, da semi-parametrische Modelle in erster Linie darauf ausgerichtet sind, das Risiko des Ereigniseintritts von zwei oder mehreren Gruppen im Zeitablauf miteinander zu vergleichen.

4.6.2 Kritische Betrachtung der Cox-Regression

Aufgrund der Unspezifiziertheit der Grund-Hazard-Rate sind semi-parametrische Modelle nicht für eine Prognose der Wahrscheinlichkeit des Ereigniseintritts geeignet und damit auch nicht für die CLV-Berechnung. Die Grund-Hazard-Rate kann zwar mit elaborierten Ansätzen für einzelne Zeitpunkte im Beobachtungsfenster bestimmt werden, eine über den Beobachtungszeitraum hinausgehende Prognose von Eintrittswahrscheinlichkeiten ist jedoch nicht möglich und auch nicht das Ziel der semi-parametrischen Ansätze (Hüppelshäuser et al. 2006, S. 204).

Grundsätzlich ist die Anwendung von Cox-Regressionen insbesondere dann angezeigt, wenn keine theoretischen oder konzeptionellen Grundlagen vorhanden sind, die a priori für die Verwendung einer speziellen Verteilungsannahme der Grund-Hazard-Rate sprechen (Blossfeld et al. 1986, S. 138; Panzer 2003, S. 145).

4.7 Parametrische Ansätze

Im Gegensatz zu den semi-parametrischen Modellen werden parametrische Regressionen häufig für große Datenmengen angewendet, mit dem Ziel, Prognosen für die Verweildauer von Individuen in bestimmten Zuständen zu erstellen (Reimer/Barrot 2007, S. 300). Ein passendes Beispiel könnte eben jene Verweildauer eines Kunden in der Geschäftsbeziehung darstellen. Hierfür wird die Grund-Hazard-Rate $h_0(t)$ durch eine geeignete statistische Verteilung spezifiziert (Cox/Oakes 1984, S. 16ff.). Es können verschiedene Parametrisierungen angenommen werden.

Der Vorteil der Annahme einer bestimmten Parametrisierung besteht neben der Prognosefähigkeit auch darin, inferenzstatistische Aussagen treffen zu können, die im Falle einer guten Anpassung der zugrunde gelegten Verteilung präziser sind als die Cox-Regression (Hüppelshäuser et al. 2006, S. 204). Zudem werden effizientere Schätzer (geringere Standardfehler) abgeleitet als bei semi-parametrischen Verfahren. Ferner können mit Hilfe der funktionalen Form Hypothesen getestet werden (Panzer 2003, S. 145). Allerdings sind parametrische Hazard-Modelle auch immer mit dem Risiko behaftet, aufgrund eventueller Fehlspezifikationen falsche Prognosewerte zu liefern (Panzer 2003, S. 145; Hüppelshäuser et al. 2006, S. 204; Krafft 2007, S. 163). Daher kommt der Frage nach der Angemessenheit des gewählten Verteilungsmodells eine wichtige Bedeutung zu (Blossfeld et al. 1986, S. 172). Zur Vermeidung von Fehlspezifikationen sind deshalb umfassende Verteilungstests notwendig (Litfin 2000, S. 234-278).

Zu den am häufigsten angeführten Verteilungsannahmen der Grund-Hazard-Rate zählen die Exponential-, die Weibull- und die Log-Logistische Verteilung (Klein/Moeschberger 1998, S. 36; Litfin 2000, S. 72; Hüppelshäuser et al. 2006, S. 204; Krafft 2007, S. 162).

4.7.1 Exponential-Verteilung

Die Exponential-Verteilung wird aufgrund ihrer Einfachheit oft als Basismodell bzw. Referenzmodell für komplexere Modelle herangezogen (Litfin 2000, S. 72).

Dichtefunktion, Survivorfunktion und Hazard-Rate des Exponential-Modells sind gegeben durch:

$$f(t_i \mid X_i) = \lambda_i \cdot e^{-\lambda_i \cdot t_i}$$

$$S(t_i \mid X_i) = e^{-\lambda_i \cdot t_i}$$

$$h(t_i \mid X_i) = \lambda_i$$

Wobei:

λ_i Parameter $\lambda_i = e^{-\beta_0 - x_i \cdot \beta}$,

X_i Vektor der Kovariablen des i-ten Individuums $(i \in I)$,

β Vektor der Koeffizienten.

Formel 13: Dichtefunktion, Survivorfunktion und Hazard-Rate der Exponential-Verteilung

(Quelle: Litfin 2000, S. 73)

Wie in Gleichung 13 zu sehen ist, werden Exponential-Modelle vollständig durch den Parameter λ_i determiniert. Die durchschnittliche Verweildauer beträgt $1/\lambda_i$ (Blossfeld et al. 1986, S. 34; Litfin 2000, S. 73). Die Hazard-Rate ist konstant über die Zeit, d.h. die Eintrittswahrscheinlichkeit des Ereignisses „Kündigung" ist unabhängig von dem bereits vergangenen Zeitraum. Daher wird diese Verteilungsannahme auch als gedächtnislos oder alterslos bezeichnet (Diekmann/Mitter 1984, S. 146; Klein/Moeschberger 1998, S. 38). Bezogen auf die CLV-Kalkulation bedeutet dies, dass die Kündigungswahrscheinlichkeit unabhängig von der Beziehungsdauer ist.

Diese Restriktion erscheint aus vielfältigen Gründen unplausibel. Zum einen sagt der logische Menschenverstand, dass eine Person nur mehrere Jahre lang Kunde bei einem Unternehmen bleibt, wenn sie sich dort auch wohl fühlt. Intuitiv kann man daher schließen, dass eine lange Beziehungsdauer für ein gutes Verhältnis zwischen Kunde und Unternehmen spricht. Ein gutes Verhältnis wiederum mindert die Kündigungswahrscheinlichkeit. Zum anderen sind auch Trägheits-Effekte (z.B. der inneren „Schweinehund") zu berücksichtigen, die jemanden von der Kündigung abhalten. Weiterhin zeigt die Erfahrung, dass eine Kundenbeziehung in der Anfangsphase am verletzlichsten ist, da der Kunde zuerst ein Vertrauensverhältnis zum Unternehmen aufbauen muss, usw.

Allerdings implizieren über die Zeit konstante Hazard-Raten keineswegs die gleiche Kündigungswahrscheinlichkeit für alle Kunden. Es kann sein, dass durch unterschiedliche Ausprägungen des Einflussvektors X_i der Individuen verschiedene Wahrscheinlichkeiten für einen Zustandswechsel entstehen. Denn jeder Kunde wird von seinen Einflussvektoren anders beeinflusst. Folglich ergeben sich unterschiedliche Hazard-Raten (Blossfeld 1986, S. 51ff.; Litfin 2000, S. 73f.).

Wesentlich flexibler aufgrund ihrer dynamischen Hazard-Raten sind dagegen das Weibull-Modell und das Log-Logistische Modell (Reimer/Barrot 2007, S. 300).

4.7.2 Weibull-Verteilung

Das Weibull-Modell stellt eine Verallgemeinerung des Exponential-Modells dar. Die Funktionen sind gegeben durch:

$$f(t_i \mid X_i) = \alpha \cdot \lambda_i \cdot (\lambda_i \cdot t_i)^{\alpha-1} \cdot e^{-(\lambda_i \cdot t_i)^{\alpha}}$$

$$S(t_i \mid X_i) = e^{-(\lambda_i \cdot t_i)^{\alpha}}$$

$$h(t_i \mid X_i) = \lambda_i \cdot \alpha \cdot (\lambda_i \cdot t_i)^{\alpha-1}$$

Wobei

λ_i Parameter $\lambda_i = e^{-\beta_0 - x_i \cdot \beta}$,

α Shape-Parameter.

Formel 14: Dichtefunktion, Survivorfunktion und Hazard-Rate der Weibull-Verteilung

(Quelle: Litfin 2000, S. 76)

Durch den sogenannten Shape-Parameter α, der für alle Personen den gleichen Wert annimmt, sind flexible Hazard-Raten-Verläufe möglich. Für $\alpha < 1$ resultiert eine abnehmende, für $\alpha > 1$ eine zunehmende Hazard-Rate (Litfin 2000, S. 76; Reimer/Barrot 2007, S. 300).

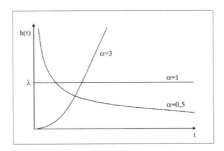

Abbildung 4: Verlauf der Weibull-Hazard-Funktion

(Quelle: Reimer/Barrot 2007, S. 300)

Nimmt α den Wert 1 an, reduziert sich das Weibull-Modell auf das Exponential-Modell mit der restriktiven Annahme zeitkonstanter Kündigungsraten (Blossfeld/Rohwer 1995, S. 177; Litfin 2000, S. 76).

Positive bzw. negative Koeffizienten deuten auf eine kündigungsverlangsamende, bzw. kündigungsbeschleunigende Wirkung hin. In Abbildung 4 wurden zur Gewährleistung der Übersichtlichkeit in den Funktionsverläufen der Weibull-Verteilung ausschließlich α-Werte variiert. Das Weibull-Modell gehört genauso wie das Exponential-Modell zur Klasse der Proportional-Hazard-Modelle (Blossfeld et al. 1986, S. 54). Folglich ist der Quotient der Hazard-

Raten von zwei Individuen unabhängig von der Zeit. Die folgende Gleichung verdeutlicht diese Eigenschaft des Weibull-Modells (Litfin 2000, S. 78):

$$\frac{h(t \mid X_i)}{h(t \mid X_j)} = \frac{(e^{\beta_{0j} + x_j' \cdot \beta_j})^\alpha}{(e^{\beta_{0i} + x_i' \cdot \beta_i})^\alpha} \quad \text{für } i \neq j \,.$$

Formel 15: Quotient zweier Hazard-Raten in der Weibull-Verteilung

(Quelle: Litfin 2000, S. 78)

Ob für den speziellen Fall der Kündigungswahrscheinlichkeiten eher fallende oder steigende Hazard-Raten anzuwenden sind, ist in der einschlägigen Literatur nicht eindeutig belegt. Jedoch erscheint es logisch von steigenden Hazard-Raten auszugehen, da jede Kundenbeziehung früher oder später zu Ende geht, und sei es erst mit dem Tod des Kunden. Dies würde bedeuten den Shape-Parameter $\alpha > 1$ zu setzen.

Unter der Annahme einer Weibull-Verteilung resultiert jedoch eine Hazard-Rate mit monotonem Verlauf. Ein monotoner Verlauf bedeutet, dass das Vorzeichen der Steigung immer gleich bleibt. Dies bedeutet, dass das Risiko des betrachteten Ereignisses entweder kontinuierlich steigt oder sinkt. Eine solche Annahme ist nicht in allen Situationen angemessen, da nicht-monotone Verlaufsformen durchaus sinnvoll sein können. Die Log-Logistische Verteilung führt zu Hazard-Raten, die auch nicht-monotone Verläufe aufweisen können (Hüppelshäuser et al. 2006, S. 205).

4.7.3 Log-Logistische Verteilung

Das Log-Logistische Modell ergibt sich, wenn die logarithmierte Zeitdauer eine logistische Verteilung aufweist (Klein/Moeschberger 1998, S. 42, 381ff.). Die Funktionen sind gegeben durch:

$$f(t_i \mid X_i) = \frac{\lambda_i \cdot \alpha \cdot (\lambda_i \cdot t_i)^{\alpha-1}}{(1 + (\lambda_i \cdot t_i)^\alpha)^2}$$

$$S(t_i \mid X_i) = \frac{1}{1 + (\lambda_i \cdot t_i)^\alpha}$$

$$h(t_i \mid X_i) = \frac{\lambda_i \cdot \alpha \cdot (\lambda_i \cdot t_i)^{\alpha-1}}{1 + (\lambda_i \cdot t_i)^\alpha}$$

Formel 16: Dichtefunktion, Survivorfunktion und Hazard-Rate der Log-Logistischen Verteilung

(Quelle: Litfin 2000, S. 81)

Das Log-Logistische Modell ist deshalb flexibler, da sich das Vorzeichen der Steigung im Gegensatz zum Weibull-Modell ändern kann. Die Hazard-Rate kann also zunächst steigen, danach aber auch wieder fallen (Blossfeld/Rohwer 1995 S. 183; Litfin 2000) S. 81).

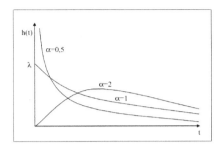

Abbildung 5: Verlauf der Log-Logistischen Hazard-Funktion

(Quelle: Reimer/Barrot 2007, S. 300)

Im Gegensatz zu Exponential- und Weibull-Modell gehört das Log-Logistische Modell nicht zur Klasse der Proportional-Hazards. Denn unter dieser Annahme kann der Zeitparameter nicht aus dem Quotienten der Hazard-Raten zweier Individuen herausgekürzt werden. Der Quotient ist gegeben durch:

$$\frac{h(t \mid X_j)}{h(t \mid X_i)} = e^{(\beta_{0j} + x'_j \cdot \beta_j) - (\beta_{0i} + x'_i \cdot \beta_i)} \cdot [e^{(\beta_{0j} + x'_j \cdot \beta_j) - (\beta_{0i} + x'_i \cdot \beta_i)}]^{\alpha - 1} \cdot \frac{1 + [e^{(-\beta_{0j} - x'_j \cdot \beta_j) \cdot t}]^\alpha}{1 + [e^{(-\beta_{0i} - x'_i \cdot \beta_i) \cdot t}]^\alpha}$$

Formel 17: Quotient zweier Hazard-Raten in der Log-Logistischen Verteilung

(Quelle: Litfin 2000, S. 81)

4.7.4 Evaluierung der vorgestellten Modelle

Gemeinsam ist allen Verteilungsannahmen, dass sie in Abhängigkeit von der Zeit einen monoton fallenden Verlauf der Survivorfunktion haben. Ferner beträgt die Survivorfunktion zum Zeitpunkt des Vertragsschlusses ($t = 0$) 1, und am Beziehungsende ($t \to \infty$) 0. Je nach unterstellter Verteilungsannahme unterscheiden sich die Verläufe zwischen diesen beiden Extrema von Survivor- zu Survivorfunktion. Die folgende Abbildung bietet eine Übersicht über die verschiedenen Funktionen der Verteilungsannahmen (Litfin 2000, S. 83; Reimer/Barrot 2007, S. 300):

Verteilung	Hazard-Rate	Survivor-Funktion	Dichte-Funktion f(t)
Exponential $\lambda_i > 0, t \geq 0$	λ_i	$\exp(-\lambda_i t)$	$\lambda \cdot \exp(-\lambda t)$
Weibull $\alpha > 0$ $\lambda_i > 0, t \geq 0$	$\lambda_i \alpha \cdot (\lambda_i t)^{\alpha-1}$	$\exp\left(-(\lambda_i t)^{\alpha}\right)$	$\lambda \alpha \cdot (\lambda t)^{\alpha-1} \cdot \exp(-(\lambda t)^{\alpha})$
Log-Logistisch $\alpha > 0$ $\lambda_i > 0, t \geq 0$	$\dfrac{\lambda_i \alpha (\lambda_i t)^{\alpha-1}}{1+(\lambda_i t)^{\alpha}}$	$\dfrac{1}{1+(\lambda_i t)^{\alpha}}$	$\dfrac{\lambda_i \alpha (\lambda_i t)^{\alpha-1}}{\left(1+(\lambda_i t)^{\alpha}\right)^{2}}$

Abbildung 6: Funktionenübersicht

(Quelle: Reimer/Barrot 2007, S. 300)

Aus theoretischer Sicht kann keines der drei beschriebenen Modelle bereits im Vorfeld einer empirischen Untersuchung als vollkommen ungeeignet angesehen werden. Einzig beim Exponential-Modell sind Zweifel hinsichtlich der empirischen Relevanz zur Erklärung und Prognose des Kündigungsverhaltens angebracht (Blossfeld/Rohwer 1995, S. 202ff.). Aussagen über die Eignung der anderen beiden Verteilungsannahmen können laut Litfin (2000, S. 83) erst im Zusammenhang mit der empirischen Analyse getroffen werden. Das Log-Logistische Modell ist jedoch am flexibelsten.

4.8 Unbeobachtete Heterogenität

Unbeobachtete Heterogenität kann ein mögliches Problemfeld bei Hazard-Analysen darstellen. Sie tritt dann auf, wenn die Unterschiede zwischen den individuellen Hazard-Raten nicht vollständig durch die Kovariablen erfasst werden. Somit ergeben sich systematisch voneinander verschiedene Subsamples (Teilstichproben). Dies kann zu Verzerrungen der Schätzung der Gesamt-Hazard-Rate bei konstanter Grund-Hazard-Rate in den Subsamples führen. Dabei lassen sich echte und scheinbare Zeitabhängigkeit der Grund-Hazard-Rate sind mehr trennen (Blossfeld et al. 1986, S. 93ff.).

Zur Berücksichtigung von unbeobachteter Heterogenität wird die Hazard-Funktion um eine multiplikative Heterogenitätskomponente ε ergänzt. Die Methode zur Schätzung dieser Heterogenitätskomponente ε wird im Rahmen dieser Arbeit ausgespart, da laut Allison (1984, S. 33) die Bedeutung unbeobachteter Heterogenität im Zusammenhang mit der Untersuchung von wiederkehrenden Ereignissen nachhaltiger ist als bei Verweildaueranalysen. Für letztere konnte nachgewiesen werden, dass die Bedeutung unbeobachteter Heterogenität insbesondere bei der Anwendung semi-parametrischer Ansätze vergleichsweise wenig ins Gewicht fällt (Allison 1984, S. 32f.; Hüppelshäuser et al. 2006, S. 206).

5 Kritische Würdigung von Hazard-Raten-Modellen

5.1 Allgemeine Bewertung

Grundsätzlich stellen Hazard-Raten-Modelle ein interessantes Lösungstool für vielfältige wirtschafts- und sozialwissenschaftliche Problemstellungen dar. Besonders wenn zensierte Beobachtungen vorliegen und der Zeitpunkt des betrachteten Ereignisses relevant ist, bieten Hazard-Regressionen deutliche Vorteile gegenüber anderen statischen Verfahren, wie z.b. der Logistischen Regression (Blossfeld et al. 1989b, S. 235; Garczorz 2004, S. 71).

Je nach Zielsetzung der Auswertung kann die Komplexität der Modelle angepasst werden. Bei kleinen, sehr heterogenen Datensätzen eignen sich nicht-parametrische Hazard-Modelle für die deskriptive Auswertung. Steht dagegen allein die Einflussstärke verschiedener Parameter im Vordergrund, empfiehlt sich die Anwendung von semi-parametrischen Ansätzen ohne Spezifikation der Grund-Hazard-Rate. Will man dagegen eine konkrete zeitliche Verteilung von Ereignissen modellieren, wie es bei der CLV-Berechnung der Fall ist, bieten sich parametrische Hazard-Raten-Modelle an. Heutige Softwareprogramme und Rechnerkapazitäten ermöglichen es auch komplexe Aspekte, wie z.B. unbeobachtete Heterogenität oder zeitvariate Kovariablen, in die Auswertung einzubeziehen (Reimer/Barrot 2007, S. 308f.).

Betrachtet man speziell den Einsatz von Hazard-Raten-Modellen im Rahmen von Customer-Retention-Ansätzen, erlauben Hazard-Raten umfassende Aussagen bezüglich der Bewertung von Kunden, Vorteilhaftigkeit von Promotionsmaßnahmen, des Timings von Marketingaktivitäten und des Managements des bereits existierenden Kundenbestandes (Helsen/Schmittlein 1993, S. 412; Garczorz 2004, S. 72).

Zusammenfassend kann man also sagen, dass Hazard-Raten-Modelle sehr großes Anwendungspotenzial auf dem Gebiet der vertraglichen Geschäftsbeziehungen haben. Die große Schwäche dieser Modelle besteht allerdings darin, dass sie nicht in der Lage sind, nicht-vertragliche Geschäftsbeziehungen zu modellieren. Hierbei stoßen Hazard-Raten-Modelle schnell an ihre Grenzen, da die Episoden nicht unmittelbar bestimmt werden können (Krafft/Rutsatz 2006, S. 275). Aufgrund dieser gravierenden Einschränkung ist es nötig, für die Modellierung des Kundenwerts in nicht-vertraglichen Geschäftsbeziehungen, andere Modelle heranzuziehen, die den komplexen Anforderungen dieser Beziehungen entsprechen.

5.2 Abgrenzung zu weiteren bedeutenden Ansätze der CLV-Analyse

Im Folgenden werden das NBD/Pareto-Modell und das Markov-Migration-Modell als zwei weitere bedeutende Ansätze vorgestellt, die sich ebenfalls mit der Kalkulation des CLV und der Dauer von Kundenbeziehungen beschäftigen.

5.2.1 NBD/Pareto-Modell

Das NBD/Pareto-Modell (NBD: Negative Binomial Distribution) gehört zur Familie der Count-Data-Modelle, welche sich gut für die Anwendung bei nicht-vertraglichen Geschäftsbeziehungen eignen (Krafft 2007, S. 113ff.; Simon 2005, S. 57).

Die zentrale Problemstellung hierbei ist die Definition der Abwanderung. Oftmals werden Kunden als „abgewandert" klassifiziert, wenn in der letzten Periode keine Transaktion stattgefunden hat. Diese Annahme widerspricht jedoch in vielen Fällen der Realität. Ziel dieser Methode ist es also festzustellen, ob in nicht-vertraglichen Geschäftsbeziehungen die Inaktivität eines Kunden dauerhaft oder nur temporär ist (Jain/Singh 2002, S. 38ff.; Rutsatz 2004, S. 72; Simon 2005, S. 57; Englbrecht 2007, S. 113).

Das Modell wurde 1987 von Schmittlein, Morrison und Colombo entwickelt, und setzt sich aus zwei separaten Teilmodellen zusammen (Simon 2005, S. 58). Während mit Hilfe des NBD-Modells die Aktivität eines Kunden in Form einer Wiederkaufwahrscheinlichkeit bestimmt wird, kalkuliert das Pareto-Modell die Wahrscheinlichkeit des Ausscheidens eines Kunden aus der Geschäftsbeziehung (Rutsatz 2004, S. 72).

Das NBD/Pareto-Modell eignet sich deshalb so gut für nicht-vertragliche Geschäftsbeziehungen, da die Schätzung der Kundenlebenszeit direkt auf der Grundlage individueller Kaufhistorien beruht (Krafft/Rutsatz 2006, S. 276). So kann für jeden Kunden zu jedem Zeitpunkt die Wahrscheinlichkeit bestimmt werden, dass die Geschäftsbeziehung aktiv ist. Diese Wahrscheinlichkeit wird als $P(Alive)$ bezeichnet. Fällt $P(Alive)$ unter einen zuvor festgelegten Schwellenwert, wird dieser Zeitpunkt als Ende der Kundenbeziehung angesehen (Krafft/Rutsatz 2006, S. 276). Die so ermittelten individuellen Kundenlebenszeiten können wiederum in eine Survival-Analyse integriert werden und als endogene Variable mittels Hazard-Raten-Modellen zur Berechnung des CLV beitragen.

Als Input für das NBD/Pareto-Modell dienen zwei wichtige Indikatoren des individuellen Kauf- bzw. Abwanderungsverhaltens: Die kumulierte Anzahl der Käufe eines Kunden im Beobachtungszeitraum (Frequency) und der Zeitpunkt der letzten Transaktion eines Kunden (Recency). Den Output des Modells bildet die eben schon erwähnte Wahrscheinlichkeit $P(Alive)$, welche für jeden Kunden jederzeit angibt, wie er hinsichtlich seiner Aktivität zu beurteilen ist (Schmittlein/Petersen 1994, S. 45; Rutsatz 2004, S. 72; Krafft 2007, S. 113f.). Mit Hilfe des Schwellenwerts lässt sich die kontinuierliche Wahrscheinlichkeit in eine dichotome Variable „Aktiv/Inaktiv" überführen (Simon 2005, S. 57; Krafft/Rutsatz 2006, S. 276; Krafft 2007, S. 137).

Um $P(Alive)$ bestimmen zu können, sind drei zentrale Annahmen erforderlich:

a) Sofern ein Kunde aktiv ist, folgt die Anzahl der Transaktionen x eines Kunden in einem Beobachtungsfenster $(0, T_M]$ einer poissonverteilten Zufallsvariablen. Dies ist gleichbedeutend mit exponentialverteilten Kaufintervallen, die empirisch häufig zu beobachten sind (Schmittlein et al. 1987, S. 3ff.; Ehrenberg 1988, S. 129; Rutsatz

2004, S. 72). Jeder Kunde weist dabei eine individuelle langfristige Transaktionshäufigkeit λ auf, die aber nicht direkt beobachtbar ist (Krafft 2007, S. 115).

b) Für einen im Zeitraum $(0, T_M]$ aktiven Kunden wird die Wahrscheinlichkeit, dass er aus einer Geschäftsbeziehung ausscheidet, durch die exponentialverteilte Zufallsvariable μ modelliert. Diese bezeichnet man als Abbruchrate. Ein Kunde, der bis zum Zeitpunkt t aktiv war, weist dabei eine latente (nicht beobachtete) Wahrscheinlichkeit μ auf, ab der nächsten Periode dauerhaft inaktiv zu werden (Krafft 2007, S. 115f.).

c) Es wird davon ausgegangen, dass die Transaktionshäufigkeit λ und die Abbruchrate μ unabhängig voneinander zwischen den Kunden variieren. Dies impliziert unter anderem, dass Kunden mit häufigen Transaktionen hohe oder niedrige Abbruchraten aufweisen können. Eine hohe Abbruchrate μ kann darauf zurückgeführt werden, dass mit zunehmender Transaktionshäufigkeit λ auch die Wahrscheinlichkeit steigt, dass ein Kunde durch schlechte Leistungen enttäuscht wird. Eine hohe Transaktionshäufigkeit kann aber ebenso ein Beleg starker Kundenbindung sein. Vergleichbare Argumente können für Kunden mit niedrigen Transaktionshäufigkeiten gefunden werden, so dass die Annahme der Unabhängigkeit von λ und μ angemessen erscheint (Krafft 2007, S. 116).

Um die Funktionsweise des NBD/Pareto-Modells zu verdeutlichen, muss einerseits das Kaufverhalten und andererseits das Abbruchverhalten der Kunden diskutiert werden. Während das Kaufverhalten direkt beobachtbar ist, fällt es schwer, Aussagen über den Abwanderungsprozess zu treffen (Krafft 2007, S. 113). Daher wird bei diesem Modell besonders auf das Kaufverhalten der Kunden abgestellt, wobei prinzipiell zwei Komponenten zu unterscheiden sind: Das branchen- bzw. unternehmensspezifische Kaufverhalten und die Charakteristika des individuellen Kaufverhaltens. Die individuelle Komponente setzt sich aus der Frequency (kumulierte Käufe in einem bestimmten Intervall) und der Recency (Zeitpunkt der letzten Transaktion eines Kunden) zusammen. Diese Informationen sollte heute jedes Unternehmen, welches Direktmarketing betreibt, auf individueller Ebene generieren können. Anschließend kann auf Basis der Transaktionshäufigkeit durch Bildung des Kehrwerts das mittlere Kaufintervall des Kunden im Beobachtungszeitraum approximiert werden. Gemäß der Modelllogik des NBD/Pareto-Modells fällt die Aktivität eines Kunden umso geringer aus, je länger der letzte Kauf zurückliegt und je kürzer das mittlere Kaufintervall eines Kunden ist (Rutsatz 2004, S. 75f.).

Das Gegenüberstellen der Variablen Recency und des mittleren Kaufintervalls stellt jedoch nur einen Aspekt dar, wenn es gilt, die Aktivität von Kunden zu beurteilen. Ferner ist das branchen- bzw. unternehmensspezifische Kaufverhalten zu berücksichtigen, welches auch von Bedeutung ist, wenn für einen Kunden nur sehr wenige Kaufakte beobachtet werden konnten. Im Hinblick auf das branchen- bzw. unternehmensspezifische (Wieder-) Kaufverhalten sind erhebliche systematische Unterschiede zu erwarten. Man denke nur bspw. an den (Wieder-)Kauf von Backwaren im Gegensatz zu Büchern. Diese Unterschiede werden vom

NBD/Pareto-Modell im Zuge der Kalibrierung so erfasst, dass die unterstellten Verteilungen den spezifischen Ausprägungen des Kaufverhaltens über alle Kunden bestmöglich angepasst werden (Rutsatz 2004, S. 76).

Die folgende Graphik soll beispielhaft die Aktivitätswahrscheinlichkeit eines Kunden aus dem Versandhandel darstellen:

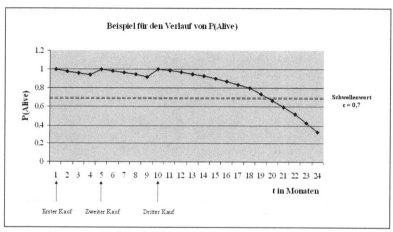

Abbildung 7: Beispiel für den Verlauf von P(Alive)

(Quelle: Eigene Darstellung, in Anlehnung an Krafft 2007, S. 122)

Abbildung 7 zeigt, dass der Kunde den Erstkauf zum Zeitpunkt $t = 1$ tätigt. Es folgen weitere Transaktionen in $t = 5$ und $t = 10$, wobei der Kunde mit dem letzten Kauf seine Aktivität innerhalb des zugrunde gelegten Beobachtungsfensters von 24 Monaten beendet. Bei jedem Kauf des Kunden wird die Wahrscheinlichkeit $P(Alive)$ der zugehörigen Zeiteinheit auf den Wert 1 gesetzt. Anschließend fällt sie kontinuierlich. In Abhängigkeit der Variablen „Recency", also der Zeitspanne seit der letzten Transaktion, nähert sich $P(Alive)$ mit zunehmender Zeit dem Wert 0 an. Dieser Wert wird jedoch niemals erreicht. Daher besteht zu jedem Zeitpunkt eine positive Restwahrscheinlichkeit, dass der Kunde eine weitere Transaktion mit dem Unternehmen tätigt. In der Abbildung wird deutlich, dass $P(Alive)$ mit steigender Anzahl der kumulierten Käufe schwächer fällt (Simon 2005, S. 58; Krafft 2007, S. 122). So beträgt $P(Alive)$ im Monat nach der ersten Transaktion $0,98$, in der Zeiteinheit nach der letzten Transaktion dagegen $0,99$. Um das finale Ziel der Messung der individuellen Kundenbindung in nicht-vertraglichen Geschäftsbeziehungen zu realisieren, muss nun ein Schwellenwert c für $P(Alive)$ bestimmt werden. Dieser trennt zwischen den Zuständen „aktiv" und „inaktiv". Unterschreitet $P(Alive)$ eines Kunden diesen Schwellenwert – in Abbildung 7 beispielhaft auf $c = 0,7$ gesetzt – so hat der Kunde den Übergang zwischen beiden Zuständen vollzogen und gilt als abgewandert. Im obigen Beispiel passiert dies zum Zeitpunkt $t = 20$.

Die Setzung des Schwellenwerts stellt dabei ein keineswegs triviales Problem dar. Aufgrund der aufwendigen Bestimmung des Schwellenwerts, wird auf eine genaue Erläuterung im Rahmen dieser Arbeit verzichtet. Für den interessierten Leser wird auf Krafft (2007, S. 137ff.) verwiesen.

Aufgrund der stochastischen Natur des individuellen Kaufverhaltens kann das Auftreten temporärer Inaktivität nicht vollständig ausgeschlossen werden. Temporäre Inaktivität bedeutet, dass ein Kunde über einen signifikant längeren Zeitraum als sein mittleres Kaufintervall keine Transaktion mit dem Unternehmen tätigt. Anschließend kauft er jedoch ohne eine explizite Reaktivierung wieder beim Unternehmen. Der betreffende Kunde kann sich während dieser Zeit durchaus selbst als loyaler Kunde des Unternehmens wahrnehmen. Potenzielle Ursachen für diese Situation können im Mangel an finanziellen oder zeitlichen Ressourcen liegen. Zudem kann ein Kunde per se ein unregelmäßiges Kaufverhalten aufweisen. Durch die Wahl eines geeigneten Kalibrierungszeitraums und eines entsprechenden Schwellenwerts c für $P(Alive)$ gilt es hierbei, die Gefahr einer Fehleinschätzung bei der Aktivitätsbeurteilung zu minimieren. Trotz dieser Einschränkung stellt das NBD/Pareto-Modell ein leistungsfähiges Instrument dar (Rutsatz 2004, S. 79; Krafft 2007, S. 139f.).

NBD/Pareto-Modelle sind vor allem für Fälle geeignet, in denen Kunden häufig und in kurzen Abständen einkaufen. Damit sind sie gleichzeitig weniger geeignet für Branchen mit langen Kaufintervallen (Interpurchase Times) bzw. lange auseinander liegenden Transaktionszeitpunkten (Simon 2005, S. 59; Englbrecht 2007, S. 114).

Weiterhin ist die einheitliche Betrachtung aller Transaktionen als Schwäche zu sehen. Es ist z.B. nicht möglich das Kaufverhalten für einzelne Produktkategorien differenziert zu untersuchen (Simon 2005, S. 59).

Krafft und Rutsatz (2006, S. 276) kritisieren neben den Verteilungsannahmen insbesondere auch die begrenzten Möglichkeiten erklärende Variablen für das individuelle Kaufverhalten einzubeziehen. Deren Integration verbessert einerseits die Anpassung und Prognosefähigkeit der Modelle und bietet den Entscheidungsträgern andererseits wertvolle Informationen zur Steuerung des Marketing-Mix. Eine empirische Überprüfung dieses Modells erfolgte im CRM-Bereich bis dato lediglich über den Versandhandel (Rutsatz 2004).

Obwohl das NBD/Pareto-Modell pragmatischen Schätzungen methodisch überlegen ist, geht auch dieser Ansatz bei Inaktivität von einer endgültigen Abwanderung aus (Englbrecht 2007, S. 114). Nicht so das Markov-Migration-Modell, das im folgenden Unterabschnitt vorgestellt wird.

5.2.2 Markov-Migration-Modell

In der einschlägigen Literatur wird oftmals der Einsatz von Markov-Modellen zur Kundenwertberechnung vorgeschlagen, da Markov-Modelle eine differenzierte und für mehrere Situationen geeignete Abschätzung zukünftiger Zahlungsreihen ermöglichen (Meyer zu Selhausen 1989, S. 77ff.; Schulz 1995, S. 230ff.; Cornelsen 2000, S. 57ff.; Rudolf-Sipötz 2001, S. 52ff.;

Eberling 2002, S. 194ff.; Panzer 2003, S. 137ff.; Donkers et al. 2007, S. 170ff.; Englbrecht 2007, S. 132ff.).

Sogenannte Markov-Ketten gestatten Aussagen über Veränderungen auf Basis eines gegebenen Zustandes und deren zugehörigen Übergangswahrscheinlichkeiten (Meyer zu Selhausen 1989, S. 79f.; Schulz 1995, S. 230; Rudolf-Sipötz 2001, S. 52; Homburg/Krohmer 2003, S. 58).

Die Übergangswahrscheinlichkeiten geben das (Kauf)Verhalten der Kunden wieder, wobei die einzelnen Kunden diskreten Zuständen zugeordnet werden (z.B. Kauf in voriger Periode / letzter Kauf vor zwei Perioden / usw.). Die Besonderheit einer Markov-Kette liegt darin, dass durch Kenntnis einer begrenzten Vorgeschichte ebenso gute Prognosen über die zukünftige Entwicklung möglich sind wie bei Kenntnis der gesamten Vorgeschichte des Prozesses. Diese Eigenschaft bezeichnet man als Markov-Eigenschaft. Daher wird ein Markov-Prozess auch als „Prozess ohne Gedächtnis" bezeichnet (Rudolf-Sipötz 2001, S. 52; Panzer 2003, S. 137). Im Falle einer Markov-Kette erster Ordnung heißt das: Die Zukunft des Systems hängt nur von der Gegenwart (dem aktuellen Zustand) und nicht von der Vergangenheit ab. Bei Markov-Ketten höherer Ordnung müssen hingegen wenigstens zwei Vorzustände bekannt sein (Schulz 1995, S. 230; Pfeifer/Carraway 2000, S. 45; Eberling 2002, S. 194; Panzer 2003, S. 137; Englbrecht 2007, S. 134).

Das bereits in Abschnitt 3.2 vorgestellte Customer-Migration-Modell kann als Markov-Modell interpretiert werden (Schulz 1995, S. 230; Eberling 2002, S. 194). Betrachtet man anstatt einer Menge von Kunden ein Individuum, so kann man seine Zugehörigkeit zu einer Recency-Cell gemäß Dwyer (1997, S. 11ff.) als Zustand begreifen. Eine Recency-Cell beschreibt die Zuordnung eines Kunden auf Basis seiner letzten Kaufhandlung. Kunden, die in der letzten Periode gekauft haben befinden sich in Recency-Cell 1, Kunden, die in der vorletzten Periode das letzte Mal gekauft haben in Recency-Cell 2, usw. Kauft ein Kunde bis zum Ende der aktuellen Periode nicht, so wandert er in die nächst höhere Recency-Cell.

Zur Anwendung eines Markov-Modells werden dabei drei Arten von Informationen benötigt:

a)   Ein Vektor, welcher den aktuellen Zustand des Kunden abbildet, hinsichtlich einer definierten Anzahl von Zuständen, in denen sich der Kunde befinden kann;

b)   Eine Zustandsübergangsmatrix, welche die Wahrscheinlichkeit für den Wechsel eines Kunden nach einer Periode von einem Ausgangs- in einen Folgezustand enthält;

c)   Und einen Gewinnvektor, welcher den von einem Kunden pro Periode zu erwartenden Gewinn in Abhängigkeit seiner Zustandszugehörigkeit angibt (Eberling 2002, S. 194f.).

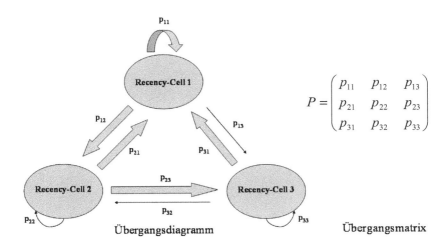

Abbildung 8: Übergangsdiagramm und Übergangsmatrix

(Quelle: Eigene Darstellung, in Anlehnung an Eberling 2002, S. 195)

Abbildung 8 zeigt die jeweiligen Übergangswahrscheinlichkeiten für die Recency-Cells. So gibt z.B. p_{23} die Wahrscheinlichkeit eines Wechsels von Recency-Cell 2 zu Recency-Cell 3 für einen beliebigen Kunden an. Ist eine Wahrscheinlichkeit mit einem dünnen Pfeil gekoppelt, so drückt dies aus, dass die Wahrscheinlichkeit immer gleich Null sein wird. Denn es ist z.B. nicht möglich von Recency-Cell 1 in Recency-Cell 3 zu wechseln. Genauso wenig ist es möglich von Recency-Cell 3 nach Recency-Cell 2 zu wechseln, da ein Kauf zur Folge hat, dass der Kunde Recency-Cell 1 zugeordnet wird.

Der Zustandsvektor für den Zeitpunkt $t+1$ ergibt sich nach diesem Modell durch Multiplikation des Zustandsvektors für den Zeitpunkt t mit der Übergangsmatrix P. Ausgehend vom aktuellen Zustand, in dem sich ein Kunde befindet, kann mit Hilfe der Übergangsmatrix P ermittelt werden, mit welcher Wahrscheinlichkeit sich der Kunde in der darauf folgenden Periode in welchem Zustand befindet. Durch Wiederholung des Verfahrens können auf diese Weise auch die Wahrscheinlichkeiten der nachfolgenden Perioden bestimmt werden. Ordnet man dem Kunden je nach Zustand einen entsprechenden Cash-Flow zu, kann durch Multiplikation mit den entsprechenden Wahrscheinlichkeiten und anschließender Addition der Produkte der Erwartungswert für den Cash-Flow des Kunden in der entsprechenden Periode ermittelt werden (Eberling 2002, S. 195). Gleichung 18 gibt eine auf dem Markov-Modell aufbauende Formel zur Berechnung des CLV wieder:

$$\vec{CLV}_{a_0} = \sum_{t=0}^{T} \left(\frac{P_a}{1+i} \right)^t \cdot \vec{CF}_a$$

35

$\vec{CLV}_{a_0}$	Customer-Lifetime-Value-Vektor des Kunden a: (CLV$_1$, CLV$_2$,..., CLV$_N$) mit CLV$_n$ = Customer Lifetime Value des Kunden a, falls er sich in $t = 0$ im Zustand n befindet; N = Anzahl der Zustände im Zeitpunkt 0
$t = 0,1,...,T$	Perioden des Betrachtungszeitraumes
$\vec{CF}_a$	Vektor der Cash-Flows: (CF$_1$, CF$_2$,..., CF$_N$) mit CF$_n$ = Cash-Flow des Kunden a, wenn er sich in Zustand n befindet
P	Übergangsmatrix des Kunden a, bestehend aus den Wahrscheinlichkeiten p_{11} bis p_{NN}, wobei p_{mn} der Wahrscheinlichkeit entspricht, dass Kunde a aus Zustand m in Zustand n wechselt
i	Kalkulationszinssatz

Formel 18: CLV im Markov-Migration-Modell

(Quelle: Eberling 2002, S. 196)

Nach Durchführung der Berechnung können in dem CLV-Vektor die berechneten CLVs in Abhängigkeit vom Ausgangszustand des Kunden abgelesen werden, d.h. falls der Kunde sich in $t = 0$ in Zustand 1 befindet, entspricht der erste Wert im Vektor dem erwarteten Wert usw. (Eberling 2002, S. 196).

Die Vorteile des Markov-Migration-Modells liegen vor allem in der situationsunabhängigen Modellierung des Kundenverhaltens. Hierdurch wird eine Differenzierung nach Lost-for-good und Always-a-share hinfällig. Ferner ist eine stochastisch fundierte Berechnung des Erwartungswerts (CLV) möglich, die eine sehr gute automatisierte Verarbeitbarkeit bietet (Pfeifer/Carraway 2000, S. 55; Eberling 2002, S. 196).

Für das Marketing liegt der wesentliche Nutzen von Markov-Modellen darin, dass die Auswirkungen des Verhaltens der individuellen Kunden relativ einfach prognostiziert werden können (Homburg/Krohmer 2003, S. 58f.). Ein weiterer Vorteil zeigt sich in der Flexibilität der Markov-Anwendungen. Nahezu alle bekannten CLV-Modelle können als Markov-Modell dargestellt werden. Das bedeutet, dass auch Hazard-Analysen in das Modell integriert werden können. Damit wird eine künstliche Trennung in Retention- und Migration-Modell ebenfalls überflüssig. Die Einsatzmöglichkeiten von Markov-Ansätzen zur Entscheidungsunterstützung werden zudem von einer gut entwickelten Theorie gestützt. Das Modell kann bei Veränderungen von Einnahmen, Ausgaben, Wahrscheinlichkeiten, etc. direkt zur Berechnung bei verschiedenen Alternativen verwendet werden (Englbrecht 2007, S. 148).

Die Hauptkritik an den Markov-Ansätzen zur CLV-Berechnung bezieht sich zum einen auf die Modellbeschränkungen, die sich aus der Markov-Eigenschaft ergeben oder in bisherigen Publikationen aus anderen Gründen getroffen wurden. Oft wird bspw. ein statischer Kundendeckungsbeitrag für zukünftige Perioden unterstellt. Auch die Unabhängigkeit des zukünftigen Verhaltens vom bisherigen Verhalten in der Kundenbeziehung oder konstante Übergangswahrscheinlichkeiten werden kritisiert. Zum anderen sind die benötigten Daten, insbesondere die Übergangswahrscheinlichkeiten und zukünftigen Cash-Flows, oft nur schwer zu ermitteln (Meyer zu Selhausen 1989, S. 84; Schulz 1995, S. 233; Rudolf-Sipötz 2001, S. 54; Eberling 2002, S. 196; Englbrecht 2007, S. 149).

Trotz dieser Kritik erscheinen Markov-Modelle zur CLV-Berechnung grundsätzlich geeignet. Englbrecht (2007, S. 149ff.) entwickelte ein Migration-Modell auf Markov-Basis speziell für das Kampagnenmanagement, das den Schwächen der Methodik Rechnung trägt.

5.3 Abgrenzung zu pragmatischen und heuristischen Verfahren

Abschließend werden knapp einige in der Praxis gebräuchliche Ansätze zur Bestimmung der Kundenlebenszeit (Krafft/Rutsatz 2006, S. 273) vorgestellt, um deren Nachteiligkeit gegenüber Hazard-Raten-Modellen hervorzuheben.

5.3.1 Kundenbewegungsbilanzen

Kundenbewegungsbilanzen veranschaulichen die Entwicklung des gesamten Kundenstands über die Zeit. Hierfür wird der Anfangsbestand der Kunden zu Jahresbeginn um die neu gewonnenen Kunden erhöht, sowie um die verlorenen Kunden reduziert. Auf dieser Basis kann die jährliche Abwanderungsquote folgendermaßen formuliert werden:

$$Jährliche\ Abwanderungsquote = 1 - \frac{KB\ Jahresende}{KB\ Jahresanfang}$$

KB Jahresende   Kundenbestand zum Jahresende

KB Jahresanfang   Kundenbestand zum Jahresanfang

Formel 19: Jährliche Abwanderungsquote

(Quelle: Eigene Darstellung, in Anlehnung an Reichheld 1997, S. 268)

Dabei wird eine Mittelwertbildung über alle Jahres-Kohorten vollzogen. Dies kann zu Fehlentscheidungen führen, wenn einzelne Kohorten (Personen, die im selben Jahr zu Kunden wurden) ein unterschiedliches Abwanderungsverhalten aufweisen (Reichheld 1997, S. 268f.; Krafft/Rutsatz 2006, S. 283). Zudem bedürfen Kohorten mit extrem niedriger Abwanderung keiner besonderen kundenbindender Maßnahmen. Im Gegenzug dazu wäre es unwirtschaftlich zu versuchen Kohorten mit extrem hoher Abwanderung an das Unternehmen zu binden (Krafft 2007, S. 69).

5.3.2 Churn-Analyse

Insbesondere in der Telekommunikationsbranche wird im Hinblick auf Abwanderung von Kunden der Begriff „Churn" verwandt (Reichheld/Sasser 1998, S. 142; Krafft/Rutsatz 2006, S. 273; Grunert 2007, S. 21) Die Churn-Quote (durchschnittliche „Kundensterberate") be-

37

rechnet sich aus dem Quotienten der beendeten Kundenbeziehung einer Periode und der Anzahl aller Kundenbeziehungen in dieser Periode:

$$Churn - Quote = \frac{KB_{ended}}{KB}$$

KB_{ended} Anzahl aller beendete Kundenbeziehungen einer Periode

KB Gesamtzahl aller Kundenbeziehungen einer Periode

Formel 20: Churn-Quote

(Quelle: Eigene Darstellung, in Anlehnung an Reichheld/Sasser 1998, S. 142)

Auch diese Kennziffer weist nachhaltige Defizite auf. Die aggregierte Analyse unterstellt eine stets gleich bleibende Kundenbindungsdauer und kann deshalb die reale Heterogenität der Kundenbasis nicht abbilden. Das bedeutet, dass die tatsächliche Entwicklung der einzelnen Kohorten im Falle schwankender Absatzzahlen und variierender Neukundenzahlen nicht ausreichend erklärt werden kann (Reichheld 1997, S. 70f.).

Die obigen Verfahren zeigen, dass es bisher in der Praxis an Ansätzen fehlt, welche die Kundenlebenszeit auf der individuellen Ebene verlässlich abschätzen (Simon 2005, S. 53ff.). Zusätzlich sind auch disaggregierte Analysen nur beschränkt aussagekräftig, da sie keine Ursache-Wirkungs-Beziehungen unterschiedlicher soziodemo- und psychographischer Merkmale oder unternehmerischer Maßnahmen auf die Kundenlebenszeit zeigen. Im Gegensatz hierzu besitzen Hazard-Raten-Modelle die geeigneten Eigenschaften um diese Anforderungen besser zu erfüllen (Krafft/Rutsatz 2006, S. 274).

5.3.3 Klassische Regressionsanalyse

Die Regressionsanalyse misst die Einflüsse ein oder mehrerer unabhängiger, erklärender Variablen (z.B. Umsatz, Alter, Wohnort etc.) auf eine abhängige, zu erklärende Variable (z.B. Kündigung). Bei der Logistischen Regression wird außerdem untersucht, ob dieses Ereignis überhaupt eintritt (Reimer/Barrot 2007, S. 293). Eine Komplikation bei der Berechnung der Kundenbindung stellen allerdings Variablen dar, die sich im Zeitverlauf verändern. Diesen speziellen Umstand können Regressionsanalysen nicht berücksichtigen. In diesem Fall sind Hazard-Raten-Ansätze überlegen, da sie die Dynamik zeitvariater Größen abbilden können (Helsen/Schmittlein 1993, S. 405ff.; Panzer 2003, S. 140f.; Krafft/Rutsatz 2006, S. 275). Zusätzlich kann im Rahmen von Hazard-Raten eruiert werden, nach welcher Zeitdauer das betreffende Ereignis eintritt (Reimer/Barrot 2007, S. 293). Schließlich können bei Survival-Analysen auch Kunden einbezogen werden, die erst innerhalb des Beobachtungszeitraums hinzugekommen sind und solche, die über den Beobachtungszeitraum hinaus aktiv bleiben (Litfin 2000, S. 62f.; Krafft/Rutsatz 2006, S. 275).

6 Fazit

Ziel dieser Arbeit war es die wesentlichen Rahmenbedingungen zur Anwendung von Hazard-Raten-Modellen bei CLV-Kalkulation zu verdeutlichen, die analytischen Grundlagen zu erläutern und sie mit weiteren bedeutenden Modellen zu vergleichen. Dabei wurde der Facettenreichtum der Hazard-Ansätze ebenso umrissen wie die Komplexität der Fragestellungen, die mit Hilfe dieser Ansätze untersucht werden können.

Es wurde dargelegt, dass Hazard-Raten-Modelle für die Untersuchung zeitabhängiger Phänomene geeignet sind, da sie der spezifischen Struktur von Längsschnittsdaten gerecht werden. Ferner gelingt es ihnen Einflüsse von Kovariablen und Zensierungsproblematiken zu integrieren, ohne die Modellgüte negativ zu beeinflussen. Durch ihre besondere Prognosestärke, die anderen bekannten Ansätzen, wie z.B. der Logistischen Regression, überlegen ist, stellen sie für die CLV-Analyse ein wertvolles Instrument für die Berechnung der Kundenlebenszeit dar. Auch die Retention-Rate kann mit ihrer Hilfe mittels Survivorfunktion berechnet werden, um dem Risiko der Abwanderung Rechnung zu tragen.

Ein weiterer Vorteil ist die Möglichkeit nicht mehr nur die aggregierte Ebene des Kundenstammes zu betrachten, sondern die Analyse auf einen individuellen Kunden herunterzubrechen. Dabei kann für jeden einzelnen Kunden zu jeder Zeit das Kündigungsrisiko und der weitere Beziehungsverlauf abgelesen werden.

Allerdings stellt die alleinige Anwendbarkeit auf vertragliche Geschäftsbeziehungen eine große Einschränkung dar. In einer nicht-vertraglichen Geschäftsbeziehung können Hazard-Raten-Modelle der Frage, ob ein Kunde abgewandert oder nur temporär inaktiv ist, nicht gerecht werden. Daher scheint es in solchen Fällen sinnvoll auf das NBD/Pareto-Modell auszuweichen. Dieses bestimmt zuerst anhand individueller Transaktionshistorien die Wahrscheinlichkeit, dass der Kunde als solcher beim Unternehmen noch aktiv ist. Fällt diese Wahrscheinlichkeit unter einen bestimmten Schwellenwert, so wird der Kunde als abgewandert klassifiziert. Ist dies nicht der Fall, so kann der Wert in eine Survival-Analyse integriert werden und innerhalb eines Hazard-Raten-Modells zur CLV-Kalkulation dienen.

Allerdings gehen sowohl Hazard-Raten-Modelle, als auch NBD/Pareto-Modelle von einer endgültigen Abwanderung aus. Sie lassen die Möglichkeit, dass ein und derselbe Kunde zum Unternehmen zurückkehrt außer Acht. Eine elegantere Lösung biete das Markov-Migration-Modell.

Dieses macht sowohl eine Kategorisierung nach vertraglicher und nicht-vertraglicher Geschäftsbeziehung als auch die Frage nach dem Aktivitätsstatus überflüssig. Hierbei wandern die Kunden zwischen den sogenannten Recency-Cells, welche die Kunden nach dem letzten Kaufzeitpunkt ordnen. Auf dieser Basis werden Wahrscheinlichkeiten für den Übergang in andere Recency-Cells erzeugt. Durch Wiederholung dieses Verfahrens können diese Wahrscheinlichkeiten auf für zukünftige Perioden bestimmt werden. Jedem Kunden wird je nach Zustand ein bestimmter Cash-Flow zugeordnet. Durch Multiplikation mit den entsprechenden

Wahrscheinlichkeiten und Addition der Produkte kann so der Erwartungswert für den Cash-Flow ermittelt werden. Der Erwartungswert kann dann in die CLV-Formel integriert werden.

Die Überlegenheit der Markov-Modelle besteht darin, so gut wie jedes bekannte CLV-Modell abbilden zu können. Daher erscheint eine Integration von Hazard-Raten-Modellen zur Berechnung der Übergangswahrscheinlichkeiten in ein Markov-Migration-Modell durchaus sinnvoll.

Für die Zukunft ist aufgrund der zunehmenden technischen Verfügbarkeit von Längsschnittsdaten und der Verfügbarkeit einer breiten Palette von Analyseprogrammen zu erwarten, dass den Hazard-Analysen eine wachsende Beachtung zukommen wird.

Literaturverzeichnis

Allison, P. D. (1984): Event History Analysis – Regression for Longitudinal Event Data, 1. Aufl., Newbury Park u.a.

Barth, K.; Wille, K. (2000): Customer Equity – Ein prozessorientierter Ansatz zur Unternehmensbewertung, Diskussionsbeiträge des Fachbereichs Wirtschaftswissenschaft der Gerhard-Mercator-Universität, Nr. 276, Duisburg.

Berger, P. D.; Nasr, N. I. (1998): Customer Lifetime Value: Marketing Models and Applications, in: Journal of Interactive Marketing, Jg. 12, Nr. 1, S. 17-30.

Blattberg, R. C.; Deighton, J. (1997): Aus rentablen Kunden vollen Nutzen ziehen, in: Harvard Business Manager, 19. Jg., Nr. 1, S. 24-32.

Blossfeld, H. P.; Hamerle, A.; Mayer, K. U. (1989a): Event History Analysis – Statistical Theory and Application in the Social Sciences, 1. Aufl., New Jersey.

Blossfeld, H. P.; Hamerle, A.; Mayer, K. U. (1989b): Hazardraten-Modelle in den Wirtschafts- und Sozialwissenschaften, in: Allgemeines statistisches Archiv, Nr. 73, S. 213-239.

Blossfeld, H. P.; Hamerle, A.; Mayer, K. U. (1986): Ereignisanalyse – Statistische Theorie und Anwendungen in den Wirtschafts- und Sozialwissenschaften, 1. Aufl., Frankfurt am Main.

Blossfeld, H. P.; Rohwer, G. (1995): Techniques of Event History Modeling – New Approaches to Causal Analysis, 1. Aufl., New Jersey.

Bruhn, M. (2009): Relationship Marketing – Das Management von Kundenbeziehungen, 2. Aufl., München u.a.

Bruhn, M; Georgi, D.; Schusser, D. (2004): Einsatz des Customer Lifetime Value (CLV) im Commitmentgeschäft, in: Hippner, H.; Wilde, K. D. (Hrsg.): Management von CRM-Projekten – Handlungsempfehlungen und Branchenkonzepte, 1.Aufl., Wiesbaden, S. 429-451.

Bruhn, M.; Georgi, D.; Treyer M.; Leumann, S. (2000a): Wertorientiertes Relationship Marketing: Vom Kundenwert zum Customer Lifetime Value, in: Die Unternehmung, 54. Jg., Nr. 3, S. 167-187.

VI

Cornelsen, J. (2000): Kundenwertanalysen im Beziehungsmarketing – Theoretische Grundlegung und Ergebnisse einer empirischen Studie im Automobilbereich, 1. Aufl., Nürnberg u.a.

Cox, D. R.; Oakes, D. (1984): Analysis of Survival Data, 1. Aufl., London u.a.

Cox, D. R. (1972): Regression Models and Life-Tables, in: Journal of the Royal Statistical Society, B-Serie, 34. Jg., S. 187-220.

Diekmann, A.; Mitter, P. (1984): Methoden zur Analyse von Zeitverläufen, 1. Aufl., Stuttgart

Diller, H. (1996): Kundenbindung als Marketingziel, in: Marketing Zeitschrift für Forschung und Praxis (ZFP), 18. Jg., Nr. 2, S. 81-94.

Donkers, B.; Verhoef, P. C.; de Jong, M. G. (2007): Modeling CLV: A Test of Competing Models in the Insurance Industry, in: Quantitative Marketing and Economics, 5. Jg., Nr. 2, S. 163-190.

Dwyer, F. R. (1997): Customer Lifetime Valuation to Support Marketing Decision Making, in: Journal of Direct Marketing, 11. Jg., Nr. 4, S. 6-13.

Dwyer, F. R.; Schurr, P. H.; Oh, S. (1987): Developing Buyer-Seller Relationships, in: Journal of Marketing, 51. Jg., Nr. 4, S. 11-27.

Eberling, G. (2002): Kundenwertmanagement – Konzept zur wertorientierten Analyse und Gestaltung von Kundenbeziehungen, 1. Aufl., Wiesbaden.

Eggert, A. (2003): Die zwei Perspektiven des Kundenwerts: Darstellung und Versuch einer Integration, in: Günter, B.; Helm, S. (Hrsg.): Kundenwert – Grundlagen – Innovative Konzepte – Praktische Umsetzungen, 3. Aufl., Wiesbaden.

Ehrenberg, A. S. C. (1988): Repeat-Buying – Facts, Theory and Applications, 2. Aufl., New York.

Englbrecht, A. (2007): Kundenwertorientiertes Kampagnenmanagement im CRM, 1. Aufl., Hamburg.

Garczorz, I. (2004): Adoption von Online-Banking-Services – Determinanten aus Sicht der Kunden, 1. Aufl., Wiesbaden.

Gierl, H.; Kurbel, T. M. (1997): Möglichkeiten zur Ermittlung des Kundenwertes, in: Link, J.; Brändli, D.; Schleuning, C.; Kehl, R. E. (Hrsg.): Handbuch Database Marketing, 2. Aufl., Ettlingen, S. 174-188.

Grunert, M. (2007): Kundenwertmodelle – Einführung, Vergleich und Bewertung, 1. Aufl., Saarbrücken.

Grönroos, C. (1990): Service Management and Marketing – Managing the Moments of Truth in Service Competition, 1.Aufl., Lexington.

Günter, B.; Helm, S. (2006): Kundenbewertung im Rahmen des CRM, in: Hippner, J.; Wilde, K. D.: Grundlagen des CRM – Konzepte und Gestaltung, 2. Aufl., Wiesbaden, S. 357-378.

Günter, B. (2006): Kundenwert – Mehr als nur Erlös, in: Günter, B.; Helm, S. (Hrsg.): Kundenwert – Grundlagen – Innovative Konzepte – Praktische Umsetzungen, 3. Aufl., Wiesbaden, S. 241-265.

Helm, S.; Günter, B. (2006): Kundenwert – eine Einführung in die theoretischen und praktischen Herausforderungen der Bewertung von Kundenbeziehungen, in: Günter, B.; Helm, S. (Hrsg.): Kundenwert – Grundlagen – Innovative Konzepte – Praktische Umsetzungen, 3. Aufl., Wiesbaden, S. 3-38.

Helsen, K.; Schmittlein, D. C. (1993): Analyzing Duration Times in Marketing: Evidence for the Effectiveness of Hazard Rate Models, in: Marketing Science, 12. Jg., Nr. 4, S. 395-414.

Hippner, H.; Wilde, K. D. (2003): Informationstechnologische Grundlagen der Kundenbindung, in: Bruhn, M.; Homburg, C. (Hrsg.): Handbuch Kundenbindungsmanagement, 4. Aufl., Wiesbaden, S. 451-481.

Homburg, C.; Daum, D. (1997): Marktorientiertes Kostenmanagement – Kosteneffizienz und Kundennähe verbinden, 1. Aufl., Frankfurt a. M.

Homburg, C.; Krohmer, H. (2003): Marketingmanagement: Strategie – Instrumente - Umsetzung – Unternehmensführung, 1. Aufl., Wiesbaden.

Hüppelshäuser, M.; Krafft, M.; Rüger, E. (2006): Hazard-Raten-Modelle im Marketing, in: Marketing-Zeitschrift für Forschung und Praxis, Heft 3, S. 197-210.

Jackson, B. B. (1985): Winning and Keeping Industrial Customers – The Dynamics of Customer Relationships, 1. Aufl., Massachusetts u.a.

Jain, D.; Singh, S. S. (2002), Customer Lifetime Value Research in Marketing: A Review and Future Directions, in: Journal of Interactive Marketing, 16. Jg., Nr. 2, S. 34-46.

Kalbfleisch, J. D.; Prentice, R. L. (2002): The Statistical Analysis of Failure Time Data, 2. Aufl., New York u.a.

Kaplan, E. L.; Meier, P. (1958): Nonparametric Estimation from Incomplete Observations, in: Journal of the American Statistical Association, 53. Jg., Nr. 282, S. 457-481.

Klein, J. P.; Moeschberger, M. L. (1998): Survival Analysis – Techniques for Censored and Truncated Data, 2. Aufl., New York u.a.

Krafft, M. (2007): Kundenbindung und Kundenwert, 2. Aufl., Heidelberg.

Krafft, M.; Rutsatz, U. (2006): Konzepte zur Messung des ökonomischen Kundenwerts, in: Günter, B.; Helm, S.: Kundenwert – Grundlagen, Innovative Konzepte, Praktische Umsetzungen, 3. Aufl., Wiesbaden, S. 269-291.

Krafft, M.; Marzian, S. H. (1997): Dem Kundenwert auf der Spur, in: Absatzwirtschaft, 40. Jg., Nr. 6, S. 104-107.

Link, J.; Hildebrand, V. G. (1997): Ausgewählte Konzepte der Kundenbewertung im Rahmen des Database Marketing, in: Link, J.; Brändli, D.; Schleuning, C.; Kehl, R. E. (Hrsg.): Handbuch Database Marketing, 2.Aufl., Ettlingen, S. 158-172.

Litfin, T. (2000): Adoptionsfaktoren – Empirische Analyse am Beispiel eines innovativen Telekommunikationsdienstes, 1. Aufl., Wiesbaden.

Lovric, T.; Schaller, C. (2003): Transaktionsorientiertes vs. Beziehungsorientiertes Marketing – Handlungsempfehlungen zum effektiven und effizienten Einsatz, Arbeitsbericht des Lehrstuhls für Allgemeine Betriebswirtschaftslehre und Industrielle Betriebswirtschaftslehre, Technische Universität München, Nr. 39, München.

Meffert, H.; Bruhn, M. (2009): Dienstleistungsmarketing, 6. Aufl., Wiesbaden.

Meyer zu Selhausen, H. (1989): Prospektive Lebensdauer-Kalkulation von Kundenverbindungen – Ansatzpunkte für Akquisition, Kundenbetreuung und Geschäftsfeldstrategie, in: Zeitschrift für Bankrecht und Bankwirtschaft, 1. Jg., Nr. 2, S. 77-84.

Panzer, J. (2003): Dynamische Kundenbewertung zur Steuerung von Kundenbeziehungen – Das Beispiel Kapitalanlagegesellschaft, 1. Aufl., Köln.

Pfeifer, P. E.; Carraway, R. L. (2000): Modeling Customer Relationships as Markov Chains, in: Journal of Interactive Marketing, 14. Jg., Nr. 2, S. 43-55.

Plinke, W. (1989): Die Geschäftsbeziehung als Investition, in: Specht, G. (Hrsg.); Silberer, G.; Engelhardt, W. H. (1989): Marketing-Schnittstellen, 1. Aufl., Stuttgart, S. 305-325.

Reichheld F. F.; Sasser, E. W. (2005): Zero-Migration: Dienstleister im Sog der Qualitätsrevolution, in: Bruhn, M.; Homburg, C. (Hrsg.): Handbuch Kundenbindungsmanagement, 5. Aufl., Wiesbaden, S. 147-161.

Reichheld, F. F. (1997): Der Loyalitäts-Effekt – Die verborgene Kraft hinter Wachstum, Gewinnen und Unternehmenswert, 1. Aufl., Frankfurt am Main.

Reimer, K.; Barrot, C. (2007): Hazard-Raten-Modelle, in: Albers, S.; Klapper, D.; Konradt, U.; Walter, A.; Wolf, J.: Methodik der empirischen Forschung, 2. Aufl., Wiesbaden, S. 331-349.

Rieker, S. A. (1995): Bedeutende Kunden, 1. Aufl., Wiesbaden.

Rudolf-Sipötz, E. (2001): Kundenwert: Konzeption – Determinanten – Management, 1. Aufl., Bamberg.

Rust, R. T.; Zeithaml, V. A.; Lemon, K. N. (2000): Driving Customer Equity, 1. Aufl., New York.

Rutsatz, U. (2004): Kundenrückgewinnung durch Direktmarketing – Das Beispiel des Versandhandels, 1. Aufl., Wiesbaden.

Schmittlein, D. C.; Morrison, D. G.; Colombo, R. (1987): Couting Your Customers: Who Are They and What Will They Do Next?, in: Management Science, 33. Jg., Nr. 1, S. 1-25.

Schmittlein, D. C.; Petersen, R. A. (1994): Customer Base Analysis: An Industrial Purchase Process Application, in: Marketing Science, 13. Jg., Nr. 1, S. 41-67.

Schulz, B. (1995): Kundenpotentialanalyse im Kundenstamm von Unternehmen, 1. Aufl., Frankfurt am Main u.a.

Simon, H. (2005): Der Einfluss des Vertriebskanales Online-Banking auf den Kundenwert, 1. Aufl., Frankfurt/Main u.a.

Steiner, V. (2009): Modellierung des Kundenwerts – Ein branchenübergreifender Ansatz, 1. Aufl., Wiesbaden.

Wang, P.; Splegel, T. (1994): Database Marketing and its Measurements of Success: Designing a Managerial Instrument to Calculate the Value of a Repeat Customer Base, in: Journal of Direct Marketing, 8. Jg., Nr. 2, S. 73-81.

www.ingramcontent.com/pod-product-compliance
Lightning Source LLC
LaVergne TN
LVHW052315060326
832902LV00021B/3908